文芸教育

114 2018 春

特集

文芸研の授業で学級づくり

新読書社

** 二〇一八年春

『文芸教育』誌・特集にあたって

文芸研の授業で学級づくり

文芸教育研究協議会委員長・上西信夫

▼**皆違う四〇の顔と名にならぬ入学式後一〇日三組**（さいたま市／大浦健「朝日歌壇」より）

膨らむ思いや一抹の不安を抱いて、子どもたちと教師の新学期が始まりました。新学期も一週間も過ぎれば一人一人名前や顔はもちろん、性格や生活の一端が見えてきます。進級して新しい学級に心膨らませる子が圧倒的に多いのですが、次第に気になる子や学級の課題が見えてきます。今号は国語の授業づくりと学級づくりのあり方を特集しました。

▼西郷竹彦先生は生前、「鬼に金棒」の譬で教師論を述べていました。教師は、人類の代表として子どもを愛すること（鬼）。子どもを慈しみ、愛するという専門性の獲得こそ何より教師として大事だと。そして、西郷文芸学と教育的認識論にもとづく深い教材研究と教育方法・技術（金棒）を我がものにすることだと。曽根・小林・森岡・松山氏らのように、子どもたちのさまざまなサインを受け止められる、子どもの心の震えに共鳴できる感度のいい器をつくっていきたいと強く思います。これが授業づくり・学級づくりの土台です。

▼視点をふまえた切実な共体験をめざす《たしかめよみ》、深い意味を生み出す《虚構の方法》を学び、自己と作品世界を切り結び、自分にとっての意味を追求する《典型をめざす読み》（《まとめよみ》）—この教授＝学習過程こそが「深い学び」であり、他者と共生できる子どもたちの想像力と思考力を鍛えます。これが教育の力によって平和・人権・平等・寛容を実現し、民主的

人格を育てるという崇高な使命に応える私たちの仕事だと、年度の初めに反芻したいと思います。

▼語り合う文芸の授業、豊かな意味づけを重ね合う作文教育そのものが他者認識を深め、自己のものごとのとらえ方の客観化・対象化（メタ認知）を促します。文芸の授業での《共体験》は、人物の行為の主観的意味、客観的意味を内と外の両面からはさみうちしてとらえるきわめて教育的な営為です。学級づくりに「魔法の鍵」はありません。語り合う文芸の授業の積み重ねこそ、子どもたちの人間認識の力を耕し育て、学級づくりを前へ進めることになります。

▼文芸は、人間はこうありたい、こうであってほしいという人間の理想を虚構世界として実現します。文芸は現実に対するあくなき理想を掲げるものです。人間は皆、美にあこがれる心を持っています。願いを抱くだけでなく、具体的に行動することで初めてその理想は地上に実現します。今回の報告にあるように否定的な現象、現実の息苦しさのなかで喘ぐ子どもたちは、本質的に深部のところで虚構を求める健全さを持っています。

▼人間はさまざまな矛盾を孕みながら、外に対してもさまざまな関係を切り結び、状況の動きの中にあって自らも絶えず動いてやまない動的な存在です。文芸教育・作文教育を学級づくりの中心に位置づける四人の実践は、矛盾を孕んで生きる姿が人間のリアルな姿であり、内なる矛盾の自覚とその葛藤のエネルギーをバネとしてどの子も変革の可能性があるという人間信頼の種を蒔くことを何よりも大事にしています。さらに、四本の実践報告を通底するのは、教材目標（もしくは教科内容）が明確であり、〈学び〉と〈教え〉の統一を追究する姿勢です。文芸（学）教育の分野では、あれこれ指導することは、芸術教育として邪道であるという考え方が根強くあります。どの教科・領域も指導性を投げうったところに教育は成立しません。カンとセンスとブームの国語の授業から〈確かさをふまえた豊かで深い〉国語の授業づくりの報告から学びたいと思います。

特集　文芸研の授業で学級づくり

つながりの中で生きる

～学び合い、語り合うことで、その子らしい輝きを～

曽根成子（千葉文芸研）

はじめに

今までたくさんの子ども達との出会いがありました。その中で、これほど重く、人に対する信頼感を失っていた子どもは記憶にありません。郁（仮名）との出会い、そして、郁の成長にどのように関わっていったのかを振り返り、意味づけてみたいと思います。

見えなかった郁の心

五年生の四月に出会った郁。明るく何事にも前向きで誰とでも関わっていく〝よい子〟でしたが、なにか壁があると感じていた子です。その壁の大きさ、重さに愕然としたのは、六年生進級直後の日記でした。

助けて　　　　　　　　郁

今から書く話は、親もだれも知らない私のひみつです。どう思っても誰にもたとえ親にも言わないでください。先生は、きっとわかってくれると思うから書きます。そして、ここにどんなことが書かれて

いようとも私を助けてほしいのです。先生の力をかしてください。

それでは、本題に入ります。（以下には、三年生の時に半年で三人の担任が交代、教師と子ども達との関係が悪化し、学級が荒れたこと。郁自身がいわれのない叱責を教師から受けたことなどが詳細に書かれていました。）その時からです。先生という存在を信じてはいけないそう思ったのは……。そして「友達」「クラスメート」というそんざいも、まったく信じなくなりました。信じてもろくなことがないとわかったから……。

でも、ゆいいつ信じていられたのは、美真と茉莉でした。二人は、かわらずに私に接してくれたから……でもそれ以外の友達は、「本」でした。だから、今でも人を信じていません。

だけど、六年生になったし、一年生との交流もあるので今の状態からぬけだしたい、そう思います。今は、先生を「信じてみよう。」「頼ってみよう」と思います。だから今の私を救ってほしい、助けてほしいのです。少したよっても良いですか？　今の自分ではなく、新しい輝かしい自分になりたいのです！

読者の皆様はどのように読まれますか。

担任であった私は、衝撃を受けました。彼女に感じていた壁の理由がこれほどまでに深刻な人間不信であり、心の中に闇と葛藤を抱えていたことに全く気づいていなかったのです。休み時間になると一人で本を読んでいた郁。拒絶はしないけれど、自分から友達に声をかけていく姿を見たことがなかった郁なのに。おかしいと思いつつも、そこまで踏み込まずにいた私自身の教師としての迂闊さを思いました。書いてくれて、伝えてくれてありがとうという思いでいっぱいになりました。どんなにか、つらかったことでしょう。

同じ学校にいながら、本当に知らなかった出来事でしたが、気づくことができなかったことに後悔しました。早速、校内の教師集団でこの訴えをもとに、今できる郁を含む子ども達への支援を話し合いました。

また、所属している文芸研のサークルにこの日記を持って相談に行きました。この日記をどう受け止めたらよいのか、自分に何ができるのかわからなかったからです。まずは、共感すること、そして、彼女の成長への思いがあることに意味を見出し励ましていくことだという助言を受けて、私の返事を書きました。ただ、ただ読んでくれたらいいという思いでした。

郁へ

　あなたがどんな思いでこの日記を書いたのかと思うと胸がいたくなりました。そして、勇気を振り絞って書いてくれたあなたを今の私の精いっぱいで受け止めたいと心から思いました。そして、この一年があなたの成長にとってよりよい時となりますように、いっしょに考えていきましょう。終わりに一言だけ、（がんばることも大切ですが、休むことも、文句を言うこともとっても大切。無理に〝いい子〟でいなくていいと私は思うの。）＊立原えりか「月のように」の詩を添えました。（16ページ参照）

この日記の事について、郁からは、卒業するまで一切触れてはきませんでした。私もあえて直接触れたことはありません。

相関的な関係を学級の中に

人間を信じることに意味を見出せなくなっていた郁。でも、それでも、信じてみようと歩みだした郁に何ができるのか、私は自分に問い続けました。

限りある時間と力量の中で学級の経営の柱に据えたことの一つは、〈人は一人ではない。他者と関わることで豊かに生きていくことができる。連れ合って変わっていく〉という体験と、同時にそれを通して《相関的な見方・考え方》の獲得につなげることでした。

六年生の一年間を、文芸「カレーライス」や「川とノリオ」、まど・みちお作品のつづけよみや説明文といった国語の学習、社会科の歴史学習を中心とした教科学習、多くの行事では、人間の生き方や人権、平和といった課題を学ばせつつ、《相関》という認識の方法で縦にも横にもつないでいきました。

学級通信「きらり」一号には深沢義旻の詩「学級信号」を載せ、今ある相関関係がさらに過去と今とそして未来との様々なもの・こと・人と出会い、関係を創っていくそういう信号がたくさん生まれる二組でありたいと呼びかけました。その通信を郁は、どのように読んでいたのでしょうか。四月の学級写真を見ると、郁は学級の仲間とほんの少し離れた所に映っていました。そこに、郁の真実があったのだと改めて思います。

相関的な見方・考え方を学んでいくことは、この学級集団の学びであるとともに、郁個人の学びとしての意味を持つものでもあります。相関的な見方・考え方を学び集団の中で郁が成長していくことは、学級集団も成長し、同時に、学級の学びが深まっていく中で郁の人間・世界への認識も連れ合って成長していくということだと、郁の日記を読んで、なおその思いを強くしました。

一年生との出会い～連れ合って変わる

どの学校でも、六年生のスタートは、入学式そして一年生のお世話をしていくことではないでしょうか。一年生に対する六年生の細やかな心遣い、そして、子どもらしいユーモアに満ちた接し方が学級で話題になっていきました。その中に郁も確かにいたのです。

一年生は、おもしろい！！　愛蓮

「これどこにおくんですか？」

「これはね…」

いつものように、朝のお手伝いが始まりました。私は、一の三の担当で、みんなかわいいけど、ちょっとドキッとしたり、いろんなことがおこります！

でも、その中で一番おもしろいのは、『へんなおじさん』です！　これは、クラスのみんな、葵さんと匡さんが踊っているのも知ってますね！

でも、一の三では、もっと面白いんです！

お手伝いのさいごらへんに、みんなに質問します。

「へんなおじさん見たい人〜！　…四人…だねぇ」

「じゃ…じゃあ、いっしょにおどりたい人〜！　もっとへって一人だよ…。」

その一人の子がすっごくおどりたい顔をしている
ので、いっしょに手伝いしている人といっしょに
「じゃあ、おどって～！」

と言いました。

そうすると
「うん！」

はりきって一人の子がおどりました。

「へんなおーじさん♪へんなおーじさんさん♪」

リズムがちょっとちがうけどおもしろい！！

　そうすると他の子が
「オレもオレも、オレも、オレもー！」

と一人の子が出てきました。

「へんな…やっぱりダメダ…」

「えぇ…ワハハハハ～」

…とこんな感じで、一の三のおもしろい！　の歴史は、どんどんいっぱいになっていきました…。


　一年生がいるからこそ、私達六年生も笑顔になれると、この頃の学級の話題は「一年生がね…。」にあふれていました。児童会役員として入学を祝う会の準備に励む郁の心の中にも一年生の存在は、大きな意味を持ったことと思います。

友達と関わる中で…「心を一つに」

　何をやるのも小学校最後という言葉がついてくる六年生の一年間です。運動会にも、全力で取り組んだ子ども達でした。郁はマーチングパレードの主指揮として落ち着いた指揮で学年をリードし、友達からの信頼を得ていました。組体操では土台として声をかけ合い、励まし合った郁。やりきったあとには、頬を赤く染めた彼女の笑顔がありました。運動会では、テーマ日記として書き綴りながら練習に取り組ませていき、そのまとめに作文を書かせました。私からは、どんな成長があったのか、そして、どんな響き合いや相関関係があったのかを問いかけました。

心を一つに　　**郁**

みなさんは、今年どんな係を持ちましたか。それ

ぞれにやりがいのある係だったでしょう。（途中省略。ここでは、様々な役割の中で手一杯だったときに、自分が頑張らなくてはという思いと周りの友達の協力の事実が書かれていました。）この大きな行事運動会が終わり、わかったことがあります。それは、五年生の時は、六年生がリードしてくれて、六年生とそれ以外の学年と協力していましたが、今年は、自分が六年生でみんなをリードしていかなくてはならない学年で苦労したけど、しっかりリードでき、心を一つにできたことです。（後略）

まだまだ、本音が語られているとは言い難い文章ですが、題名に、郁の願いが表現されていると私は意味づけました。

文芸の授業で読み合い、語り合う

猛烈な勢いでスタートする六年生の一学期ですが、幸い持ち上がりの学級であり、国語の授業は、高学年の認識の方法を学ばせつつ進めていきました。

自主教材として重松清「カレーライス」に取り組みました。視点人物のひろしの目と心を通して家族の有り様が語られていく作品です。六年生の子ども達は、自分と等身大に重なるひろしに大いに共感し、そして同時にひろしを批判することが自分自身を見つめることになっていく、そんな文芸体験が成立する作品です。甘口・辛口そしてカレーライスに象徴されるものとは何かといった問いを手がかりに、思春期の子ども達に内在する矛盾葛藤を乗り越えて生きる姿や、会話文を中心にひろしの家族の相関的な関係が変化発展していく姿をとらえることで、家族の意味を考えていきました。読者である私の学級の子ども達にとって、自分発見の学習でもありました。たしかめよみで、郁は次の感想を残しています。

いいかげんに　　　郁

私は、二場面を読んで「いいかげんにしてよ！」と言いたくなりました。お父さんがいくらわかり合いたいと思っても、自分の気持ちを言葉にうまく表

せないので、すれ違う一方です。だったら、そんなにめんどくさいことをしないで「ごめんなさい。」と言えばすむ話なのだから…。

でも、ひろしは、言えない。もう、ここまで来たら意地を張っているだけではなく、「はずかしい」とか「もうゆるしてよ。僕の気持ちもわかるでしょ。」という思いも出てきているかもしれないと思います。もう、いい加減に仲直りできればいいのに。

仲直りしようとする父親に話しかけられればかけられるほど、苛立っていくひろしに共感しつつ、両者の気持ちの行き違いにもどかしい思いを抱いている郁。郁の中に成立した共体験を言葉で表現し、読者にまっすぐに伝えている感想だと意味づけられます。

この後、授業では、ひろしの人物像を刻みあげていく中で、家族が相関的に互いに思い合う関係が新たな家族の成長を促していく姿と、ひろしが矛盾葛藤を乗り越え、新たな家族・親子のつながりを創っていったことについて大いに共感し、感想を交流しました。そして、自分と家族を見つめ直すことにつながりました。郁も自他の違いを知り、家族や成長することの意味を発見していきました。

一学期の終わりの郁の俳句です。

毎年の光り輝く花火かな　　郁

何気ない一句ですが、〈光り輝く花火〉と詠んだこの句から、一学期を満足の中で終えることができた郁を私は見出していました。一学期を終えて教室で撮った写真では、最後列ですが友達との列の中に入り、Vサインをして微笑む郁がいました。

二学期のスタートは、「川とノリオ」の学習でした。この教材では、自然形象と人物形象を《関連づける》見方・考え方を中心に学びを深めていきました。戦争の本質とは、人間の真実とはと、《たしかめよみ》で浮かび上がってきた問いについて学び、《まとめよみ》として、自分と作品とのつながりを考えて自分にとっての学習の意味を発見する学習（典型化）を行いました。

文芸の授業では、教師としてどの子にもたどり着いてほしい認識の内容（主題・思想）があります。認識の内容を個にかえしていく学びが典型化です。学習が終わって一番心に残っていることや表現、新たに立ち上がってきた問い（種蒔く仕事）、こうありたい・こうありたくない（理想）、人物の生き方と自分を重ねる（他者糾弾と自己告発、自己の対象化）等々。文芸の学習では、切実な共体験をくぐり、人間や世界への認識を深めた後の典型化の学習こそが重要だと思います。それは結論が先にありきではなく、文芸体験をくぐる中で、子ども自身が発見していくものなのです。正解はこれだというようなものではありません。むしろ個々の違いがあってよいのです。学びの道筋の中で、また生活の文脈の中で、自分にとっての意味を発見していくことは、生きていく力となるものです。来年から教科化される道徳（徳目ありきの道徳）とは全く異なるものです。文芸教育だからこそできる人間や世界への深い理解と共感そして、そこからの意味の発見こそが、私達のめざす人間の教育なのです。

《たしかめよみ》でも《まとめよみ》でも、様々な意味づけを子ども達がしていきますが、その子の認識の有り様と生活の有り様は、分かちがたいものがあるのだということを今更ながら考えます。そしてその子の認識の深まりを認め、励ますことがきっとその子の力になっていくのだと思うのです。

「川とノリオ」の《まとめよみ》の後の感想です。

ノリオと平和　　郁

私は、「川とノリオ」を読んで平和は、すごく大切な事だけど、それは手に入れるのが大変だということです。歴史を社会で学び、その中でこの物語の舞台となった戦争の時代も学びました。戦争の時代を学んで一番初めに思ったことは、今の時代に生まれてよかったと言うことです。そして、くわしく学習していくと平和が尊いものだということがよくわかりました。

そんな時代の中でけん命に生きのびたノリオはとてもたくましいなと思いました。でも、やっぱり悲しさも持っていると思いました。

　そして、母ちゃんが亡くなったヒロシマへの原爆投下。たくさんの人が犠牲になり、たくさんの人が悔しい思いをし、泣いた日。ノリオには、よくわからなったけど、さびしい思いをしていた日としてはっきりと覚えている日。じいちゃんも悲しかったし、ノリオも悲しかったと思うけど、一番悲しく悔しかったのは、母ちゃん本人だと思いました。そして、そんな思いをしたのは、もっとたくさんの人だと思います。戦争が終わっても、亡くなった人は…。そして、少し考えてみると日本中には何人のノリオがいたのだろう？　そして世界中には何人にいたのだろう？　きっと数多くいたと思います。その中のほとんどの人がノリオみたいに前へ向かって歩いていこうと思っているんじゃないかなと思いました。ノリオのその後のことは想像するしかないけど、きっと前へ向かって歩いていると思います。

　私は、きっとこんな世の中では、のびのびと暮らせないので、やっぱり今がよいなと思ったし、とても危険で恐ろしい世の中だけど、人と人とのつながりはとても深いなと思いました。そんな多くのつながりの中で私も生きてみたいなと思いました。

（波線曽根）


　郁が最も求めていた人とのつながりで感想をしめくくっていたこと、そして人間の向日性に触れていたことに郁の成長を思いました。郁は、人と人とのつながりの中で生きていきたい、前へ進んでいきたいという希望を語ったのだと私は意味づけます。そのつながりを郁自身が大切にしてこれからの中学校生活に向かっていって欲しいとエールを送りました。

　まど・みちおの作品のつづけよみでは、《相関・連環》《関連》などの見方・考え方で、命・地球・世界そして宇宙といったまど・みちおの世界観に学んできました。紙面の関係で詳述できませんが、卒業前に、「さくらのはなびら」で国語の授業を締めくくりました。卒業する自分達と詩の世界を関連付けて、終わることは始まるということと自分とのつながりを考え、自分にとっての意味を交流し合いました。

卒業の時に…郁の巣立ち

卒業式では、子ども達が自分達の成長そして学びを意味づけることを中心に実行委員会でまとめていったものを柱に発表を行いました。そして卒業式の言葉の中で、教師、保護者も語っていくことに合意を得ました。

卒業の言葉には、学年目標が入っていきました。

卒全　TOGETHER
卒一組全　仲間と共に
卒二組全　下級生と共に
卒三組全　たくさんの先生と共に
卒一組全　地域の人とともに
卒二組全　歴史をつくった先人達とともに
卒三組全　自然と共に

教師からのことば（一部）

あなた達と私たちは、共に生きる、同じ時代を生きていくのです。あなた達の前に広がる世界は、広く豊かです。人と人とのつながりのなかにこそ成長のチャンスがあります。

（みつはしちかこ「あなたはひかり」を教師全員で音読）

四月に教師集団で話し合ったことを事あるごとに話題にしてきました。小学校卒業という節目に、全員で、ぜひ子ども達へのメッセージをという願いを教師集団の理解と協力で実現することができました。郁のくった苦しみは、多かれ少なかれ他の子ども達にもあったことなのではないか、そして、個々の課題に向きあって、今、卒業の時を迎えているのだと考えたからです。協力し合えた学校であったことに感謝しています。

卒業前の郁から私への手紙です。

二年間、お世話になりました。二年間たくさんのことがあったけど、たくさんの先生方に支えられ、がんばってこられました。児童会を二年間続けられたのもそのおかげだと思います。これから中学に入ったら知らない人ばかりで慣れないと思うけど、自分を見失わずにがんばって生きていけたらいいなと思います。
二年間本当にお世話になりました！　（波線曽根）

今読んでも、郁らしいなと思います。中・高一貫校への進学を選択した郁。郁との秘密を守り、全く触れずに卒業の日を迎えさせたことが良かったのかどうか、わかりません。担任として力に慣れたのかどうかも。しかし、郁が自分であっていいのだと人間を信じて生きていってほしい、相関的な見方・考え方で自分の人生に向き合っていってほしいと、それがきっと郁の力になっていくのだと願っています。〈自分を見失わずに〉人と人とのつながりの中で自分らしく生きていってほしいと願っています。

月のように

立原えりか

満月はもちろん月
半月も月　三日月もそして
糸のように細くなってしまっても
月はたしかに月
ほかのものにはなれっこない
わたしはわたし
つらくてもかなしくても
しあわせでうれしくても
さびしくて泣いていても
わたしはわたし
月になれないし天にものぼれない
だからせめて月のように
どんな姿になったときも
きっぱりとさわやかに
光っていたいわ

特集

文芸研の授業で学級づくり

自分の思いを言葉で伝えられる子どもたちに

小林良子（広島文芸研）

子どもたちに

優しく素直な子どもたちです。友達が困っていたら声をかけ、手助けする様子がみられます。また、よいところやがんばったところを認め、歓声や拍手がおこります。しかし、友達と関わりたくてちょっかいを出したり、自分の思いが通らないとけんかになったりすることも度々ありました。

国語科を中心に、子どもたちに自分の思いを言葉で伝える大切さを学び、よりよい関係をつくってほしいと願い行った第四学年での実践です。

日記を通して

四月にまずはじめたのは、日記を書くことです。と言っても、「毎日書く」とだけ決めてスタートしました。作文指導としては不十分でしたが、作文を意味づけたり価値づけたりしながら伝えようとしました。

折に触れ作文を紹介することは、認め合いにつながりました。また、同じ出来事について書かれた作文を比べ読みすることで、人によって見方や感じ方が異なることに気づくことができました。

月の研究

九月九日から、わたしは月の研究をしています。今は一週間たちました。

今までの月の形をくらべてみると、月は三日月から満月へとかわっていっていました。今日は予想した通り満月でした。月は三日月から満月になると初めて知りました。もう一つ気づきがあります。三日月から満月では、満月になっていくほど月の出る時間が早いのです。先生は知っていましたか。

※　読者を意識して書いています。疑問に思ったことから観察を始め、形と時刻の観点で続けて観察しているから気づいたことです。理科は専科でしたが、作文を通じて話題に教室でも話題にすることができました。

春のにおい

今日、理科の時間に校庭へ出た時、校長先生が、

「おいしいと思うから、きんかんを一人一つずつ食べてみて。」

と言われました。わたしは、きんかんを一つ食べてみると、パキッとよい音がしてプチプチとはじけ、かむごとに「もうすぐ春だな。」という感じがしました。

※　音と食感で表現しています。味は書いてありませんが、「もうすぐ春だな。」という表現からほんのり甘さが伝わってきます。

図画工作の学習で

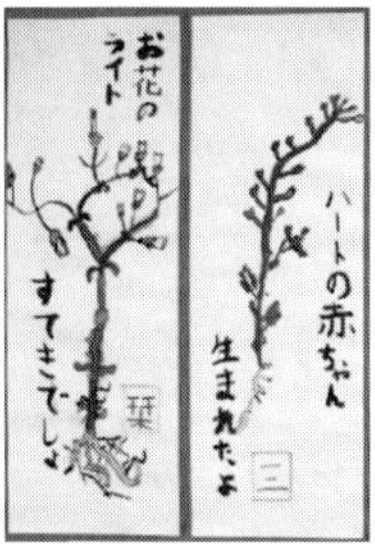

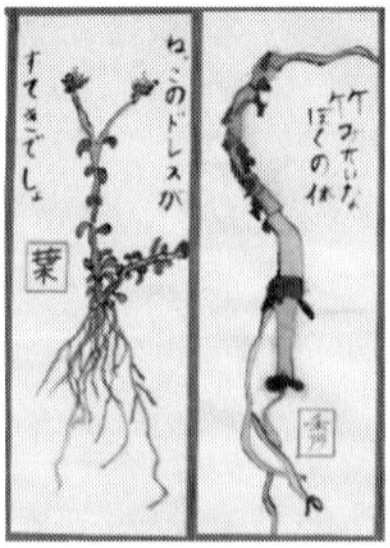

国語科以外でも、言葉で表現することを意識しました。これは、春に図画工作で描いた草花に短い言葉を添えさせたものです。草花を見て感じたことや草花になってつぶやきを書いています。

子どもたちは、絵と言葉をつなげてイメージを広げ、楽しく作品を見合うことができました。

文芸の授業で

◎「一つの花」（今西祐行）

「一つの花」は、話者（語り手）が《外の目》で異化して語っている作品です。同化体験というよりも、異化体験が中心になります。

授業の後半で、戦争中と戦後を対比して考えさせました。明るく幸せな世界で、お母さんの役に立てるほど成長したゆみ子です。子どもたちからは、お父さんはいないけれど、コスモスの花に包まれているから、お父さんの思いに包まれているイメージがするという意見が出ました。また、「もし、戦争がなかったら」と考えると、お父さんがいて、もっと幸せに暮らせたのにと発言が続きました。

子どもたちは、「一つの花」をお父さんの愛、願いと意味づけていました。そして、自分たちもまた、家族の愛に包まれていることを感じていたようです。

◎総合的な学習の時間との関連で

授業後、戦争や平和について書かれた本の読み聞かせを行い、読書コーナーを作ってしばらく読む期間を設けました。普段あまり読書をしない子も真剣に読む姿が印象的でした。

総合的な学習の時間には、「平和」をテーマに学習を進めていました。学習後、

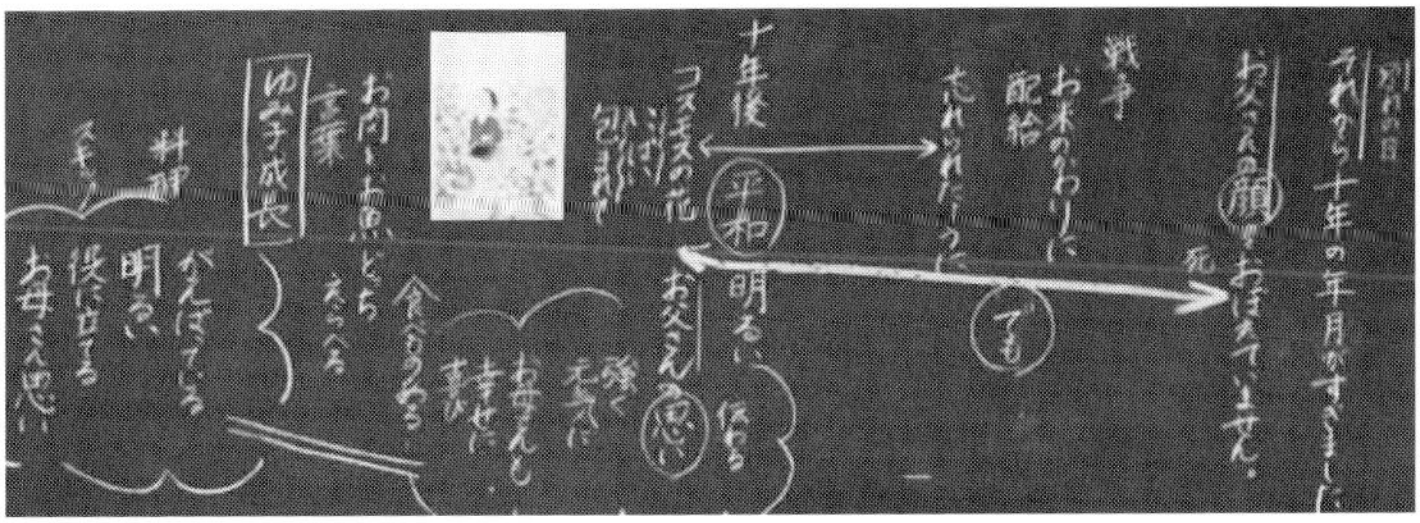

市内の資料館で、戦争中のくらしや空襲について話を聞いた際には、「一つ花」の学習とつなげることで、家族の絆や平和の大切さを考えることができました。また、広島平和記念資料館、平和記念公園や原爆ドームの見学をした際には、「もし、今、戦争がおこったら」と、戦争のおそろしさ、平和を守り続けることの大切さを強く感じていました。

◎詩をつくる

「心が動いたこと、自分だけの体験を詩に表してみよう」と詩をつくってみました。

まどの外

まどの外をながめていたら
むこうの校しゃの教室の中
じっと見てたらその教室の中で
まどの外、ながめている子と目があった
目をそらしたけど気になった
見てみたいけど、どうしよう
少し見てたら、その子もこっちを見た
びっくりして目をそらした
もうそっちは見られなかったけど
あの子もびっくりしているかな

※　呼称が、〈まどの外、ながめている子〉〈その子〉〈あの子〉と、変化しています。〈目をそらしたけれど気になった〉〈あの子もびっくりしているかな〉と、心の動きが感じられます。

◎「おと」いけ　しずこ（『のはらうた』工藤直子）

「のはらうた」の住人は、人間と虫や花、池などとの《複合形象》として登場します。

一連は、すべて声喩で語られています（類比）。でも、水に当たるものや当たり方によって音が違ってきます（対比）。二連で、〈わたしは／いろんな　おとがする〉とあります。〈いけ〉の水と響き合う相手によって、場合によって、違った音が出るのです。

この詩の話者は、〈いけしずこ〉さんですが、人間として読んだらどうでしょう。子どもたちは、自分たちも関わり方によって変化する存在であることに気づいていました。池の水に比べると、自分から相手に働きかけることもできるので、相手がうれしいことをしていきたいと考えている子もいました。

「ごんぎつね」（新美南吉）の授業記録より

・一場面　情景描写と視点

T　〈空はからっと晴れていて、もずの声がキンキン〉と感じたのは誰ですか。（視点）

C　ごん。

大輝　二、三日雨だから、太陽が出てないから、曇っているから、雨がやんでからっと晴れていて、久しぶりの外で、暴れるぞって感じ。

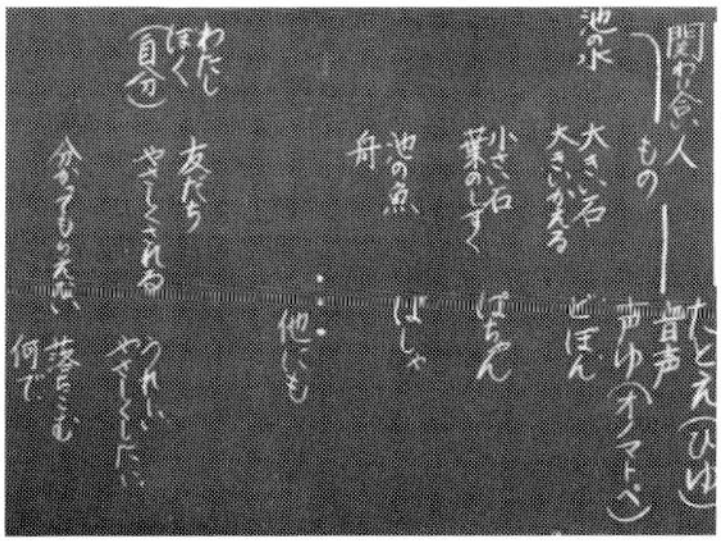

彩乃　やっと晴れてくれたから、うれしいし、退屈だったのがおもしろくなる。

佳穂　晴れたので、すっきりしている。

菜月　二、三日、雨が降り続いている時は巣の中にいて、からっと晴れて、もずの声がキンキンひびいていて、自由になったような気持ちだと思います。

大輔　ずっとせまい場所にいて、やっと出られて、大輝君に似ているんだけど、いたずらもできるし、また、かまってもらえると思ったと思います。

真緒　二、三日、穴の中から出られなかったから、出た時には、他の人から見たら普通に晴れていたのかもしれないけど、ごんから見たら、久しぶりで、すごくきれいに見えたんだと思います。

T　そうだね。ごんだから、こんな風に見えたんですね。このように人物の目と心でとらえた周りの景色を情景描写といいます。

・二場面　会話文から人物像をとらえる

T　穴の中で、こんな想像をしてひとりごとを言っている、ごんになって考えてみましょう。（同化）

彩乃　あんないたずらをしなけりゃよかった。兵十のおっかあに謝りたい。

美月　何かしたほうがいいのかなとか、おっかあだけじゃなくて、兵十にも謝りたいと思っている。

百合　自分が、あんないたずらをしなかったら、兵十のおっかあは死んでいなかったのに、と反省した気持ちです。

大輝　ごんにとったらちょっとのいたずらだったけど、それで兵十のおっかあが死んでしまったから、申し訳ない。

T　このように考えるごんのことをどう思いますか。（異化）

美紀　最初は、いたずらばかりして悪いと思ったけど、こんなことを思うなんて、やさしいなと思いました。

彩乃　いつものごんは、いたずら好きで、少し頭がいいごんだけど、今は、いつもの悪がしこいんではなくて、えらい。

菜月　わたしは、ごんが自分から反省しているところがすごくいいし、やさしい気持ちをもっているんだなと思いました。

美月　最初は、いたずら好きで、大切な魚やうなぎを逃がしたのもちょっとのいたずらと思っていたけれど、兵十のおっかあの死んだことを考えているごんは、美紀さんの言ったように、やさしいし、思いやりがあると思います。

T　ごんの内の目で見ると、反省して兵十に謝りたい気持ちがわかるし、外の目で見ると、そんなふうに自分から反省しているところは、やさしいし、思いやりがあると感じますね。

・六場面　視角の転換

T　〈ばたりと取り落とし〉から、兵十のどんな思いがわかりますか。（兵十に同化）

C　ショック。

百合　すまなかった。本当にすまなかった。
陽斗　何で気づかなかったんだろう。
真奈　いたずらばかりしていたごんが、こんなことをしてくれていたのに気づかなくて、後悔したのはこっちの方だと思ったんだと思います。
彩乃　真奈さんに似ていて、くりをもってきて、やさしくしてくれて、そんなごんを、またいたずらをしに来たと勘違いして撃って後悔した。
理恵　ごんは兵十の気持ちをわかってくれていたのに、兵十はごんの気持ちをわかってなくて、ごめんと謝った。
大輔　いたずらばかりしてるごんに見えるけど、本当はやさしいごんを撃ってしまったから、悲しい。
真由　ごんの気持ちがわかってなくて、殺してしまったから、悲しい。
美月　兵十は、ごんに何てことをしてしまったんだろうとか、こんなことをしなければよかったたって思ったと思います。

※　兵十にとっても悲劇であることを切実に体験させるためには、兵十への同化体験だけでなく異化体験をさせる必要がありました。

T　兵十の「ごん、おまいだったのか、いつも、くりをくれたのは。」という言葉を聞いた時、ごんはどんな思いでうなずいたでしょう。（同化）
大輔　やっと気づいてもらって、うれしい。
真由　やったかいがあった。
理恵　気づいてくれただけで、うれしい。
千鶴　死ぬ前に気づいてほしかったけど、気づいてもらえて、うれしい。
和真　気づいてくれてうれしかったし、兵十にうなぎをぬすんだことをあやまれた。
翔太　勘違いされて撃たれて悲しかったのもあったけれど、気づいてもらえた方がうれしかった。
美月　やっと自分のやっていたことに気づいてもらえたし、それに、ちゃんとうなぎのつぐないができたから、うれしい気持ちの方が強い。

大輔　神様のしわざって言って、お礼を言えばいいって言われた時に、ちょっとあきらめかけたけど、でも、あきらめずによかった。

T　外の目で見ると、みんなは、ごんと兵十になんと言ってあげたいですか。(異化)

※「ごんを見てどう思うか」「兵十になんといってあげたいか」と、ごんと兵十を分けて聞いた方がよかったです。

大輝　ごんは殺されてしまって、兵十には誰がくりを届けてくれたかがわかってうれしいけど、ちょっとかわいそう。

理恵　はじめ寂しかったけれど、兵十に気持ちをわかってもらったから、もうごんは寂しくないな。

真由　ごんは気づいてもらえてすごくうれしいと思うけれど、殺されたのは悲しい。

美月　ごんはたくさんいたずらをして、兵十は、殺したい殺したいと思っていたけど、でも、殺してから、もし、ごんとちゃんと話せていたら、仲よくなれていたかもしれないから、もう仲よくなれないから、かわいそうだなと思います。

※　美月さんの意見をもう少し子どもの言葉で深めさせればよかったです。

T　今まで、ごんの内の目になって読んできて、最後の場面で、視角の転換があって、兵十の内の目になって読んでみると、兵十の気持ちもわかりましたね。

・授業後の感想より

かわいそうなごんと兵十　　圭司

ごんは、神様のしわざと言われて少しやる気をなくしていたのに、つぐないを続けていて深く反省している気持ちが伝わってきました。ごんは、つぐないをやっていることに気づいてもらえてうれしかったと思うけれど、兵十は、ごんを火なわじゅうでうってから気がついたから、もう少し早くおたがいの気持ちが伝わっていたらよかったのにと思いました。

菜月

内の目で読むと

わたしは、最初は、ごんがうたれてかわいそうだと思いました。でも、ごんは気づいてほしかったので、今は、ごんにとっては、気づいてもらってとてもうれしいのだと思いました。最初は、外の目で考えていましたが、内の目で考えると、ごんがうれしいというのがわかりました。でも、もう少し早く兵十が気づいてあげていたらいいのになと思いました。

・まとめよみ　悲劇の本質

T　どうしてごんの思いは兵十に伝わらなかったと思いますか。

大輝　いたずらをするごんぎつねだけど、兵十は、ごんがくりや松たけを持って来ていることを見たこともないから、盗んでいることしか見えないから。

和真　ごんは、兵十のうなぎを盗んだつぐないをしているけれど、兵十にはぬすっとぎつねという悪いイメージしかなかったから。

真奈　ごんはいたずらばかりしていたから、信じてもらえなかった。

菜月　ごんはいたずらばかりしていたから、信用されていなかった。

百合　いつもいたずらばかりしているごんが償いをしてくるわけがないと思いこんでいたから。

美月　ごんは、前から村人にたくさんいたずらをして、誰もごんがやったとは思えないくらい困らせて迷惑をかけていたから、誰もごんだとは思えなかった。

T　つぐないでくりやまつたけをくれるのは誰かを考えた時も、あの人かな、と村人の顔を思い浮かべて考えたけれど…。

C　ごんは入ってない。

C　思いつかなかった。

T　こんな悲しいことが起こらないようにするには、

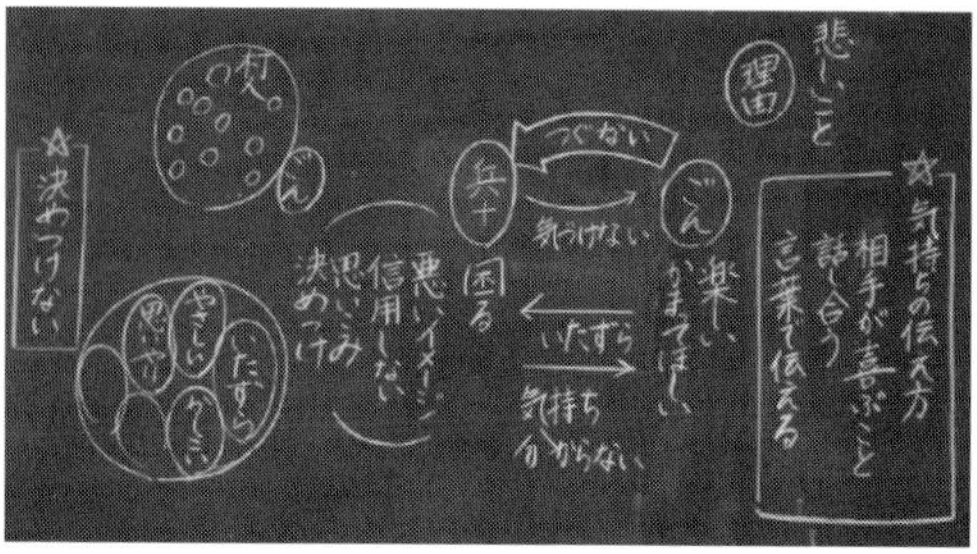

どうすればいいと思いますか。

菜月　ごんが村の人にかまってほしいと思っていたけれどわからなかったから、いたずらではなくて相手が喜ぶことやいいことをすればよかったと思います。

千鶴　最初からいたずらじゃなくて、さみしいというのがわかる伝え方をすればよかった。

T　ごんは、村人と言葉が通じなかったけれど、もし、みんなだったらどうですか。

千鶴　話し合いをしたらいい。

和真　ごんが村人にしたことを正直に謝って話し合ったらいいと思います。

C　ちゃんと話をして、相手の話も聞く。

百合　文章を書いて伝える。

C　手紙を書く。

T　みんなの中にもいろいろな自分がありますか。時と場によって、人によって、友達といる時家族といる時、友達と話す時と先生と話す時とで少し違う自分がありますか。

C　ある。

C　まったく違う。

T　前に日記の中で、F君は、意地悪をする時もあるけれど、優しいところもあるということを書いていた人がいたけれども、友達の中でも、いろいろなところを見てあげると、思いこみをしたり決めつけたりしないと仲よくなれますね。

※　この話と同じように、言いたいことが言えず悲し

い思いをしたこと、相手へ言葉で気持ちを伝えてよかったことなど、自分のこととして深められるとよかったです。

・授業後の感想より

兵十とごん　真緒

ごんは、最後まで、自分のしたことを悪いと思っていた。兵十に気づかれていないとわかった後でも、その気持ちは変わらなかった。最後はわかってもらえたけど、兵十にうたれてしまった後だったから、もう少し早く兵十が気づいてくれたらよかったなって思った。兵十は、ごんにこんな毎日くりをもってきてくれるようなやさしいところがあるとは気づかなかった。とても悲しんでいると思う。わたしも、友達とけんかした時、相手の気持ちを考えずに、相手のしたことや言ったことだけ考えておこっていることがあったので、これからは気をつけたい。

今後につなげて　愛莉

ごんぎつねの物語は、とても悲しいじょうたいで終わってしまったけれど、もし、自分がこの物語みたいになったら、勉強したように、相手が喜ぶことをしたり、話し合ったり、言葉で伝えるようにしたいと思います。決めつけにないことも大切なので、それも生かしたいと思います。

おわりに

子どもたちの相手を思い認めようとする姿から学んだことも多くありました。文芸研の授業としては未熟な点も多いですが、一年間、この子たちと一緒に学ぶことができてよかったと感じます。

特集

文芸研の授業で学級づくり

授業と集団づくりは両輪　文芸研での教材研究は車軸

森岡弘子（京都文芸研）

はじめに～授業と集団づくりは車の両輪～

私は、子ども達に真の学力をつけるための授業と、学級集団づくりは、車の両輪のようなものだと思います。片方に力を入れるだけでは、どちらも中途半端になってしまうと考えています。静かに座っているだけでは、授業が成立しているとは言えません。楽しくみんなが参加できている授業であり、覚え込むのではなく学び合うことが楽しいと思えなければ、本当の力はついてこないし、伸びていかない気がするのです。ですが、そのためには、授業がまず成立しなければなりません。授業は、教師とできる子にとっては何でもない時間ですが、自信のない子にとっては、劣等感との戦いです。すると、その裏返しとして、他の子を笑ったり、授業妨害という形になって表出することもよく見られます。その場だけで、「笑っちゃいけない！」「みんな大事！」と言われても、またそのくり返しで、教師も子ども達も疲れ果てて、殺伐としてしまうことってありませんか？　意見を出すのをためらっている子が、たまにでも発言すると、「なるほど〜。」「今日はがんばっていたね。」と言ってもらって、安心して過ごせる空間にするためには、普段の生活も大事です。「普段が大事。普段の成果だよね。」とよく子ども達に言います。「普段」とは、学校生活（当番・係・掃除・休み時間すべて）と、授業です。どちらも、相互作用の結果として、高めあったり、落ちていったりします。まさしく《相関》関係です。

どの教科でも教材研究する際の指針になるのが西郷会長試案の《関連・系統指導案》です。今この学年だから、これぐらいの思考ができる、できるようにさせられると、目安になりました。また、他教科を教える時に、その考え方を意識的に取り入れた発問の流れを考えて展開し、まとめにも取り入れました。これは、指導要領にも当てはまり、理解しやすいものでした。

例えば、三年に《条件》的見方があります。三年の理科の教科内容は、《条件》を考えて学習していくようになっています。指導書にはそのようには書かれていませんが、教材研究は《条件》を考えていくことを常に意識できますし、授業もよりわかりやすくなっていきます。社会もそうです。他の学年も同じです。ぜひ、西郷会長試案の《関連・系統指導案》（次頁参照）を手に、社会や理科の教材研究をしてみてください。

また、振り返ってみると、文芸研の授業方法で臨んだ時、はじめは困難な学級であっても、国語の時間は成立し、もりあがり、その中で大きく変革（成長）していく子ども達の姿がありました。授業で変わり、生活に生かし、相互効果で学級が成長していったと思います。

最初の参観授業は、詩で勝負

文芸研のサークル学習会に行くと、授業開きの詩をよく紹介されています。私も、その詩の中で、「授業参観」に使うオススメの詩をいくつか持っています。

最初の一週間や、一カ月の過ごし方は、大事ですね。その中で、一学期の一つの大きな布石ともいう授業が、授業参観です。子ども達は、家庭を背負って学校に来ている、九割以上が家庭の影響を受けるといっても過

関連・系統指導案（小学校の中心課題）

←低→　←中→　←高→

0　**観点**　目的意識・問題意識・価値意識
　真・偽　ほんと―うそ
　善・悪　いいこと―わるいこと
　美・醜　きれい―きたない
　有用・無用　やくにたつ―やくにたたない

1　**比較**（分析・総合）
　類似性―**類比**（反復）
　相違性―**対比**

2　**順序**　過程・展開・変化・発展
　時間・空間・因果・心情・思考・論理・意味

3　**理由・原因・根拠**

4　**類別**（分類・区別・特徴）
　特殊・具体⇄一般・普遍
　全体と部分

5　**条件・仮定・予想**

6　**構造**（形態）・**関係**・**機能**・**還元**

7　**選択**（効果・工夫）・**変換**

8　**仮説・模式**

9　**関連・相関・連鎖・連環・類推**

10　**相補**

（西郷試案2の2）

言ではありません。ならば、子ども達に大きく影響を与える保護者に、「ああ、今年の先生は、ちょっといい感じ。」と思ってもらえるような授業をした方が良いスタートが切れます。それと、最初の授業参観は、一年間の中で一番多くの保護者が来ます。ですから、今年の教師の方針はこれだ！　というメッセージを伝える役割もあると思っています。学校によっては、その後の懇談会の出席率が低い所もありますし、全員が参加するということはないですね。それならば、子ども達と保護者に、文芸の授業でメッセージを伝えるのです。普通と言ったら失礼ですが、ただ子ども達の挙手の状況を見せるだけの授業をしてしまっては、もったいないと思います。

＊もちろん、授業開きの詩も大事です。これについては、すでに『文芸教育』一一一号に詳しく優れた内容が載っていますので、是非参考にしてください。

どんな詩を選ぶか？

学級担任が決まると、引継を受けますね。その時に、だいたい課題が突出した児童の話が中心になることが多くあります。または、昨年度教師の指導が入りにくいクラス状況などを聞くと、まず、その分析を行います。分析の仕方がわからなくても、どんなクラスにしたいかというのは、どの教師も考えると思います。

詩を文芸作品として教えながら、最後に《認識の内容》までせり上げていきたいと授業の構想を練っていきます。典型化は、日々の出来事の中で、初めは教師が意味づけて、通信などで伝えていきます。

題名・作者	低・中学年向き 認識の内容
かたつむり リュー・ユイ	・欠点に見えることでも、見方によっては長所になる。すべては、意味があること。「おかしくない。おかしくない。」と笑い飛ばせるような子ども達に。「とまらなけりゃいいんだよ。」の意味は学年によって深みも出る。

低・中学年向き	こゆび こわせたまみ	・どんなに小さな存在、役に立たないように見えても、必ず人の役に立つことはある。
	うんこ 谷川俊太郎	・人が嫌がるようなものでも、人には必要で大事な役目がある。ものの価値は、人それぞれ違って当たり前。
中・高学年向き	運動会 新井和	・条件によって、人の言動はちがってくる。《条件》というものの見方、考え方の基本。
	雨のうた 鶴見正夫	・雨をうたえるのは、自分一人ではできない。相手を生かすことで自分も生きる《相関》
	おちば 三越左千夫	・価値は○○にとっての、○○としての値打ちになる。だれが、それをどう見るかが大事。

高学年向き	
はじめて小鳥が飛んだとき 原田直友	・人物のようすはすべて違うけれども《対比》、願いは同じ《類比》。それぞれの特性に合わせた応援の仕方をしている。（こんな学級をつくりたいものです。）

『うんこ』は、元気な子ども達にぴったりです。

一年時に大変な状況だったクラスを二年で受け持った時、この詩をして、最初はキャーキャーと『うんこ』の題名から大騒ぎをしていた子ども達も、どんどん授業に乗ってきて、最後の一行に入る「きょうもげんきに　でてこい」の言葉を考えた後、認識の内容に迫った時には、子ども達も参観していた保護者の方からも、「ほ〜」っという納得の声が聞こえてくる授業になりました。

ただ、その後、また一、二年生の時指導困難に陥っていた学級を三年で担任した時に、同じ授業をしたら、最後までテンションが上がりっぱなしで、冷や汗をかいた覚えがあります。その後の懇談会で保護者からは、「ちゃんと座っていたから素晴らしいです。」「騒いでいるように見えたけど、授業の中身だった。授業に最後まで参加していた。」と、落ち込んでいた私を励ましてもらいましたが。前に成功したから、という安易な考えではだめでした。

その後は、子ども達の実態と、同学年の若手の教師のやりやすさも考慮して、詩を決めるようになりました。

『運動会』の良さは、《条件》というものの見方、考え方を教えられることと、「お家の人が、叱ったり励ましたりするのは、その場面の状況《条件》に応じた言動であり、みんなの成長を願う気持ちが類比されているんです。お母さんはすぐ怒る、と思うのはよくないですよ。これからもこの《条件》的な見方・考え方ができるようにしっかり学んでいきます。」ということをつけ加えると、保護者の方からも、絶賛間違いなしです。

ものごとはすべて、時によって、人によって、場合によって変わるものであるという《条件》的な見方・考え方は、集団づくりには欠かせません。ですので、保護者にも参観授業で伝え、その後の生活場面でも、使っていきます。

例えば、授業中にティッシュを捨てにゴミ箱まで堂々と歩いて行く児童がいます。「授業中だから、今はやめよう。」と止めても、中には、「ゴミを捨てに行って何が悪い。」と言い返してくる子もいます。だから、「ゴミを捨てるという行為は、確かに教室を美しくしようという素敵な行為です。本来ならば褒めてあげたいところだけど、授業中という条件の中では、誉められないね。時と場合を考えられるようになろう。」と言うと、半分誉められ、半分注意なので、真っ向から反発しないで、次からはしなくなります。もちろん、花粉症のような子については、休み時間の間に、ゴミ捨て用のスーパーの袋を机の横にぶら下げてあげます。たかが、ゴミ捨て行為ですが、授業中での立ち歩きの一歩です。大げさかもしれませんが、だんだんと堂々さが増し、似た理由を持ち出して増えてきます。子ども達の方から「授業中だからね。」と言い出したらしめたものです。

《条件》は、人にも当てはまります。前年度不登校だったあずさ（仮名）が、初めて教室に登校してきた日、（もちろん、保護者には予め了解をとっておいて）「去年、正確には二年の終わりから、教室に来ていませんでしたね。今年は、がんばろうという気持ちで、今、教室にいます。でも、不安でいっぱいでしょう。みんなにもわかるね。だから、あずさ君がこのクラスや、登校することになれるまで、あずさ君に対するやり方は、みんなと違います。」と了解を求め、昨年度同じ学年を担任し、どのクラスも文芸研での授業を進めていたこともあり、「ものごとは、人により、場合により、時により違いましたね。《条件》の見方、考え方でみんなも考えてください。」というような話をし、彼の不安になりそうなことは、細かくあずさルールを提示していきました。ですから、「あずさ君だけ、ずるい。」という声は出ませんでした。

あずさルールは、その場面内容によって、希望者にも同じルールを適用することで、あずさにとってやりやすいことは、みんなにも良い方法であることを、教師も子ども達も実感することが何度もありました。これは、不登校傾向を示す子ども達への支援として、有効です。

いじめ事象でも、年度当初から「人によって、時によって、場合によって、先生のすることは違うように見えても、その人に合ったやり方をしてるだけ。先生はみんなのことを全力で応援しています。」といった《条件》を常に意識した指導（言葉に出して言います）をすることで、「先生はひいきしている。」というような言葉は出なくなると思います。

「相手の気持ちを考える」指導

学級でトラブルが起こるたびに、私達教師は「相手の気持ちをよく考えて」とか、「相手の身になって」ということをよく言います。これは、一年生からでも指導する際に子ども達に語って聞かせる言葉だと思います。でも、すべての子どもがいつも、本当に相手の気持ちになれているわけではないと感じる場面が多くあります。相手の気持ちになるというのは、相手の人物の《条件》、状況の《条件》も考えなくてはなりません。突き詰めて言えば大人だって難しい。ですが、これも積み重ねの練習だと思っています。

文芸研では、《視点》をきちんと押さえて、学習を進めます。ですから、話者の語る言葉を手がかりに視点人物の思いに《同化》《異化》する体験をしていきます。子ども達に、「この《同化する》体験は、クラスの友達の気持ちになって考えることと同じです。だから、この授業で学ぶことは、クラスや学校、そのほかの生活の中に生かせる大事な学習なんだよ。」と話し続けています。

例えば、中学年の教材の『モチモチの木』の初読では、豆太を「おくびょうな子」と読みます。ですが、豆太の住んでいる《状況の条件》、とうげのりょうし小屋、せっちんは表（外）にある。そして、豆太の《人物の条件》五歳、おとうがくまにぶっ裂かれて死んでおり、くまが怖い、という条件を考えてみると、「おくびょう。一人でせっちんぐらい行ければ良いのに。」とは言えなくなります。五歳の子どもの頃を思い出したり、妹や弟のことを考え合ったりします。初めは、「自分なら行ける。」と強気な発言をする子ども達ですが、だんだんと、妹や弟の話をする中で、「ぼくも行けないなあ～。」と正直な感想を漏らすようになります。「豆太の条件を、自分に置き換えて考えられたね。」「えらい！　正直！」と誉めます。正直な思いを話しても笑われない空気が、教室に生まれます。

そして、「一つのこと（言葉）だけで見るのではなく、二つ以上の言葉から、類比されているところを、見ていこう。」「クラスの友達のことでも同じだね。たった一つの言葉や行動だけで、〇〇だ！　と決めつけてしまってはよくないね。」と授業で話します。これらは、子ども達が日常で起こるトラブルを自分たちの手で解決していく時の、手立てともなります。

『一つの花』でも、同じです。『一つの花』のゆみ子を見て、初読ではほとんどの子ども達は、「ゆみ子は食いしん坊だ。」と言います。でも、戦争中という《状況の条件》、まだ幼いという《人物の条件》を考えていくと、「食いしん坊」ではなく、ゆみ子を取り巻く戦争という背景の世界にまで目が向くような子ども達になっていきます。繰り返し、授業で視点人物に同化すること、異化して考えること、つまり豊かな《共体験》をさせていくことが、クラス集団づくりの基本になる考えています。

授業の中でも居場所を見つけた孝夫

～仲間集団づくりを～

『大造じいさんとガン』では、残雪と呼ばれるガンは、ただの鳥であり、最後までただの鳥にしかすぎません。しかし、大造じいさんが、残雪の行動を美しく価値あるものとして見た時に、ただの鳥ではなく英雄として見えてきます。相手に対する認識が変わり、そしてまた行動も変わってきます。つまり、相手の行動をどう見るか、行動の中に美しく価値あるものを見ようとする主体的な関わりや見方なしに、相手に対する認識は変わらないし、また行動もかわらないのです。

この教材で、「相手の行動を美しく価値あるものとして意味づけ、相手への見方を変えていくことで、相手との関係を変え、自分自身をも変革していくことができる」という《認識の内容》を設定しました。これに迫るために《相関》という認識の方法を身につけながら、子ども達とともに確かな学びをしていくことが、孝夫（仮名）を含めて集団を高めていく手がかりの一つと位置づけました。

前年度に指導困難な状況であった学年で、まるで周りすべてが敵でもあるかのように、吼え、暴力の中で孤立していた孝夫がいました。他の子ども達の献身的ともいえる支えの中で、孤立はなんとか解消され、授業妨害こそ無くなったものの、授業に乗ってきませんでした。高学年になってくると、国語のまとめとしての認識の内容にせまる学習の時間が好きになってくれ（他学年でも同じなのですが、反応が面白いのが高学年です）、この作品の認識の内容は何だろうと意識しながら、学習を進められるようになってきます。クラスの子ども達も、みんなで話し合って、意見を深めていくことを楽しんでくれました。場面やまとまりごとの授業の感想を書き、それを必ず学級通信に載せ、次の授業のはじめや朝学習の時間に読み合っていました。友達の感想に「おお〜！　すごい。」「なるほど〜！」と素直に声を出してくれ、自分も通信に載せてもらおうと、張り切って感想を書くようになっていました。

この授業で、相手の言動の良さを見い出せる人こそが、すばらしい。大造じいさんは、そういった人だった人だからこそ、前文のように家に人が集まってくるような、人に好かれる人物だったのではないか、と子ども達と授業を進めていきました。孝夫は、大造じいさんが、人望の厚い頭領的存在であること、昔気質の武士といってもいい律儀な人物像であることにとても興味を持ち、まとめの感想を集中して書くようになってきました。彼が興味を引かれた大造じいさんの人物像は、実は彼自身が持っている特性だからこそ惹かれたのだと思いました。

そうした彼の行動の変化を、そのように意味づけし、子ども達に語りました。ノートを一生懸命書く姿や、書いた文字の量に賞賛の言葉を挙げる班の子ども達。私にも「先生、タカちゃんが、これだけ書いたよ。私なんか負けたわ。」と、クラスで一、二を争うほど発表やノートまとめを頑張っている智恵子（仮名）が孝夫のノートを見せながら言うと、さらに書き続ける孝夫の姿がありました。誉めネタが増え、保護者の方にも喜んでもらえました。

授業に参加できる場面が増え、学習で認められることは、自信につながったのでしょう。孝夫の言動には、家庭的な背景が大きかったせいもあり、波はありましたが、落ち着いてきました。

三学期、最後の文芸作品『わらぐつの中の神様』では、学習前は大変乗り気で、私も彼の活躍の場が増えると期待していました。が、学習がはじまると、彼の発言がまったくないのです。おかしいと思って聞くと、おみつさんと大工さんの恋愛物語だから、気恥ずかしいと言うのです。なるほど、彼らしいと苦笑しつつも、無理強いはしませんでした。

古武士のような大造じいさんに感銘した彼にマッチするポイントはその先にありました。労働の価値、おみつさんとわらぐつの《関連》の見方ができる大工さんの人物像がたしかめ読みで進められていくと、大工さんに感動したのか、再び授業に乗ってきて、「大造じいさんとガン」ほどではありませんでしたが、発言のやりとりや、場面のまとめが通信に載ったか載らないかを楽しんでいる様子でした。

さいごに

文芸研の教材研究を進めていくと、自然と認識の方法《ものの見方考え方》を考えていくようになりました。そして、この作品で今の学級の子ども達に何を学ばせるのか、それを考えるのも楽しみの一つです。認識の内容で、人間の真実、ものごとの真理、人間観、自然観、世界観をとらえていきます。それを考えていくと、私自身が作品に勇気づけられ、教師生活で何年経っても学び直しをし、自分自身のものの見方・考え方にも変化があったように思います。それが、児童理解や学級・学年集団づくりに大きな影響を与えられてきたと感じることがよくあります。国語の教育でありながら、国語だけに留まらない、それが文芸研で学ぶ良さだと思います。

＊詩の出典はすべて『子どもと心を見つめる詩』（西郷竹彦／黎明書房／一九九六）による。

特集

文芸研の授業で学級づくり

作文と学級づくりの関係

～子どもの表現を深く意味づける～

松山幸路（大阪文芸研）

はじめに

サンマやマグロなどの回遊魚は、泳ぎ続けるという一生を送っています。昨日も、今日も、そして、これからもずっとそうです。そうしなければ命に関わりますから、呼吸をするようにそれは自然に泳ぎ続けます。

そういう筆者も、回遊魚のようです。書いていないと、極端に言えば死んでしまいます（笑）。これまた極端に言うと、私にとって、生きることと書くこととは切っても切れない関係です。

教師自らも書き、子どもにも書かせてきた中で、書かないと、心の外に出さないと何ともならないものが、今あふれるようにあります。

今回、原稿依頼が来た時に、「NOという選択肢はない。」と言われていましたが、それは私のセリフです（笑）。何回か人生があれば、その内の一つは、物書きとして生きたいと願う私を、泳がせてくれ、生かしてくれる時間。それを、今から楽しみたいと思います。いや、その前に、読者の皆様を楽しませ、「読んで良かったぁ。」と、わずかにでも感じていただけるものを書かないといけませんが。

作文は一人で書くものなのか

さて、作文というと、書き手（子ども）と鉛筆と作文帳なり原稿用紙なりがあれば、一応は書けます。ただ、そこには大切な何かが足りません。それは、読み手です。忘れがちなのですが、何かを書く時には、読者が必要です。子どもが作文を書く場合は、そのほとんどが読者は担任でしょう。作文を読み合うことが育ってくる学級であれば、クラスのみんなを読者の対象として書く子も出てくるでしょう。よくよく考えれば、作文のみならず、小説や映画、音楽に始まり、料理や教師の教室での語りでも、一人では成立しません。そこに相手がいますし、作り手はそれを想定して挑むものです。

では、作文は書くことなのに、どうして読む側の読者のことから書き始めたのか、ということです。作者と読者の関係が、作文教育にはまず欠かせないからです。学級づくりにおいても、人と人とをつなごうという何かきっかけをどの担任もされると思います。だから、実は「作文指導」と「学級づくり」というものは、非常に似たところがあるのです。どちらも人と人とをつないだり、自分と相手の関係が影響したりしているわけです。

うまい作文を書かせよう書かせようとすればするほどに、作文嫌いが増えていく…。作文を書く時間になると、教室がどんよりと…。こういう場面に出くわしていない教師はほとんどいないでしょう。それは学級の子ども達が「伝えたい何か」を持っていなかったり、読者に「教えてあげたい！」「わかってほしい！」「共感してくれたらうれしい！」と思っていたりしていないのだと考えられます。

仮に、読者を意識していて、伝えたいことがあったとしても、自分の書いたことを受けとめてくれる教師、共感してくれる仲間ではなかったら、表現しづらいはずです。

私達大人でも、そうではないですか。腹の立つことやちょっとした笑い話があったら、それに共感したり、一緒に笑ってくれたりする人にこそ話しませんか。一緒に悔しがってほしいのに、「なんだ。そんなことぐらいで。」と返されたらどうですか。やはり、寄り添ってくれる人に話したいものです。いい相手がそこにいなければ、そういう人を探してでも話したい時だってあります。子どもにとって、作文の読者は担任です。隣のクラスの教師が、「受けとめてくれそうだ！」といって作文帳を持って行くわけにもいかないのです。それに、一番読んでほしいのが自分の担任です。そして、クラスメイトのはずです。

やはり、作文は一人で書いているようで、そうではない。作者と読者の関係が、その子の表現と認識を引き出すことに一役も二役も買っているのです。

せきにん　しんじ（四年）

今日悲しい出来事があった。今からそのお話をせつ明します。

今日の朝、フナがしんでいた。顔がなくなっていたじょうたいで死んでいたのでかめ太のせいにママはした。

だがかめ太といっしょにフナを入れたのもぼくだ！　最近、えさをあげていなかったのもぼくだ。心でぼくはそう思った。

少しのさぼりで何かを失う。ライジングソーランで話していると中にボケていたりしたらぼくのミスでムチャクチャになってしまう。このフナの死を前にぼくは、「さぼっていると何かを失うこと」を学んだ。これからは気をつければ！

おそらくかめ太は、フナを食べてしまった…。でも、かめ太もおなかを空かせていて…。その責任を、しんじは自分で背負っているのだな。自分の少しの、わずかのサボりが、フナの命が失われることにつながったことに気付いているんだよ。さらにすごいのが、そこから学んだことがあること。ライジングソーランでの自分での少しのサボりとつなげて考えているんだ！　素晴らしい意味づけです！

学級にとっての作文

子どもが作文を書いてきたら、担任としては返事を書いてあげたくなります。

短いものだろうが、表現の足りていないものだろうが、担任ならば、言いたかったことを補って読んであげられます。ダメ出しをしたい所もあるでしょうが、ひとまずそこはグッと我慢。「ここはこうしてみるといいよ。」と後で付け足して教えてやるのは良いですが、悪い所見つけばかりの読者に対して、作者が次に書く気は起きません。逆の立場で考えてみれば分かるはずです。大人でさえ気持ちが萎えて、どんどん表現しづらくなっていきます。

それより、その作文のその作者のいい所を見つけてあげる。これが作文指導の大切なポイントの一つです。作者でさえ気付いていない作者の言動の素晴らしさや、物事の見方やとらえ方の光る部分をとらえてあげる。そこを中心に、赤ペンで書いて教えてあげましょう。「よくできました。」のはんこをポーンと押して返すのとは、子どもにとっての意味が大きく違います。それだけでも、意味のある作文指導になります。

料理教室　げんせい（四年）

今日のよるごはんきまってますか〜？　ピーマンがきらいな人も好きになるピーマンの肉づめ。じゃ、いまから作りかたをおしえまーす。

よういするものは、にんじん、たまねぎ、肉の合いびきミンチ、しおコショウです。さっそく。

①にんじんとたまねぎをみじん切りします。

②そのやさいをボールにいれます。

③肉をちがうボールにいれてよくまぜます。

④まぜた肉とみじん切りにしたやさいを一つのボールにいれます。そのときもまぜます。

⑤ピーマンをはんぶんに切って五〜六こ作ります。

⑥切ったピーマンをスプーンでたねをぬきます。そのときに、にがいぶぶんがあります。えでおし

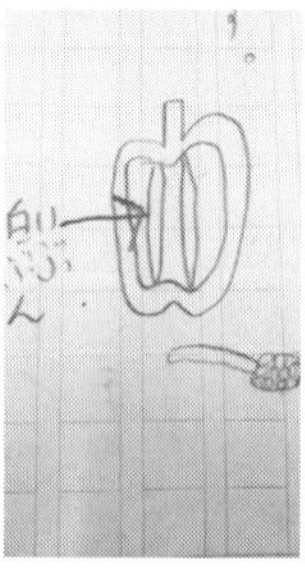

えます。

その白いぶぶんもとりまーす。そしたらにがくないです。

⑦ピーマンの中にさっきまぜた肉をいれます。

⑧いよいよ、やっきまーす。フライパンの中に油を入れます。そして、肉のほうをしたにしてやきます。そしたら肉が早くやけます。すこしまちます。やけたらピーマンのほうをしたにしてやきます。

⑨できたらおさらにのせて、ケチャップかけたらできあがり。

ぼくもいもうとのたんじょうびに作ったよー。つくってみ・て・ね。

ただの料理教室かと思ったら、全然ちがう。かくし味がとってもすてき。いろいろなところにかくし味。食べる人のことを考えた、相手にしみ入るあったかいピーマン肉づめです。あなたは、食材のことをよく理解した、食べる人の立場に立った一流のコックです。この作文すべてから、やさしさという肉汁があふれています（笑）。

しかし、それだけではもったいないです。さらに、教室で、みんなの前で読んであげることで、よりその作文の価値を生み出すことができます。仲間の作文に触れることで、作者の子に共感したり、作者の意外な一面を知ることになったり、教室があたたかい雰囲気になったりするのです。

その時、できるならば、担任の赤ペンのコメントも添えてあげるべきだと私は考えています。教師は、その作文をどう意味づけたのか。赤ペンのコメントが、作者と読者（仲間）をつなぐパイプの役を果たします。作者自身や、仲間達が一読しただけでは気づけない輝きがあります。それを担任が見つけたのなら、作者に教えてあげたい。だから、教師は赤ペンを持つのではないのでしょうか。あら探しではなく、いいとこ探しをした方が楽しいと思います。

ぼくのメダカ　　　つばさ（四年）

11月13日にメダカをかいました。メダカはバケツに入れて、えんがわに住んでいます。

バケツの上には、ねこが食べないように板を置いて守っています。

メダカは、一〇匹いて名前も考えました。一郎、次郎、三吉、よっちゃん、五郎、六丸、七べぇ、やっくん、九ノ介、十吉郎です。みんなにていて見分けられないよ～。

あと、バケツの中には、水草という草を入れています。ここでクイズ。どうして水草を入れているでしょうか。①日かげで住んでいるから。②川みたいにするため。③卵をうむため。さぁ、どれでしょう。正かいは③の卵をうむからでした。だからたくさんおせわしてメダカをふやしたいです。

題が「メダカ」でも良さそうなところ、「ぼくのメダカ」です。読むにつれ、先生はなっとくしました。一〇匹みんなが安全に健康にくらしていけるように、板で守ってあげたり、水草も入れて子孫もふやせるようにしてあげているのだな。一〇匹もいるのに、全員に名前までつけるなんて！　たしかに、だれがだれかわからなくなるけど、名づけようという心が愛情なんだよ。本当に君はやさしい心で、一郎、次郎、三吉、よっちゃん、五郎、六丸、七べぇ、やっくん、九ノ介、十吉郎を育ててんだ。名前も個性があって、どれもすてきなプレゼントだなぁ。

仲間の成長をみんなで見続ける

作文指導だけでなく、学んだら何でもすぐに試してみたくなります。それは素晴らしいことです。

しかし、教室の子どもとは一年間過ごします。だから、長期的に成長を見るという視点を持った方がうまくいきます。一人ひとりの作文に、表現の上でも認識の上でも成長が見られたら、みんなの前でも評価してあげたい。「作文は表現力の指導だ。」とだけ見ていたなら、それは難しいことです。

作文というのは、表現力はもちろん、ものごとの見方やとらえ方、認識力もそこには表れていますから、担任は作者の人としての成長も見つけることができます。

例えば、いい話をする人は、話がうまい。でも、話術があるだけではないはずです。それだけの深い経験や、他人が気づかない鋭い視点でものごとを見ているからこそ、認識が深く、とらえ方が面白いからこそ、いい話が生まれるのではないでしょうか。作文だって、コインの裏と表を切っても切り離せないように、表裏一体なのです。

だから、作文の読者である担任も、その作文を表現の上だけで評価するのではなく、その子の成長や生き方をも積極的に見つけにいくといいのです。教師が作文帳を開き、作文を読み、最後に赤ペンでコメントを添えてやるのは、それはもう宝探しの旅なのです。見つけてやらねば見つからない。でも、見つけてやろうとすれば、見つかる光があるのです。

作文と学級の文化

作文を書かせるとなると、よくあるのが運動会の後や校外学習の後など、何か行事やイベントの後ということが多いのではないでしょうか。それはそれで、自分がしてきたことの振り返りになるので、書く意味があります。書くことにより、自分で自分を客観視させて、その時間にどんな価値があったのかを見つけさせることに、そもそも教育的な意味があります。

ただ、それだけではもったいない。普段から書かせることで、家庭や学校生活に眠る様々な場面、瞬間に目を向ける目を養うことが可能になります。私は、基本的に書くテーマは自由。先程から述べてきたように、仲間の作文を読み合う中で、「こんなことも書いていいのか。」「自分も友達のことを書いてみよう。」「クラスのことを書くのもいいなぁ。」などと、刺激を受けます。それに加え、週に一度でも自由なテーマで書く機会を与えてあげたら、だんだんと主体的に書くようになってきます。

その中で、「これはクラス全体でも読み合いたいなぁ。」と思える作文が出てくるはずです。特に、仲間の誰かの頑張りやクラスで取り組んでいることに目を向けているものは、担任だけが読むのはもったいないです。仲間づくりや学級の文化をより発展させるためにも、読み聞かせてあげたり、担任がそれをどう読んだか添えてあげたりして、より価値を生み出してあげると、作者のしたことがより意味を増します。クラス全体にとっても、その作文がいい味を出すスパイスとなります。

また、作文というものは、インプットされたものがアウトプットされるものです。つまり、表現でもあり作者の認識をも映し出す鏡でもあります。だから、学級の文化が有意義なものであればあるほど、豊かであればあるほど、味のあるもの、光るものが、必然的に生まれてきます。作文から、子ども達の自分のクラスへの見方やとらえ方を感じとる必要があります。味わいのある作文があまりないなぁという場合、表現をあれこれ工夫させようとする前に、教室にどんな文化があり、それをどれだけ深められているか、担任として見つめ直す必要があると考えられます。

学校にもたねが…？　　ななこ（四年）

きのう、ひろくんが「学校にもしそのたねがあるよ。」と、教えてくれました。私はビックリして、心の中でえっ！　と思いました。明日、いっしょに見に行くつもりです。

すこし話が変わりますが、お母さんが、「来年、しそを植えてみようか。」

と言っていました。いつも、なえからしかうえてないので、楽しみです。

ひろさんは、かれたしそのくきを見て、すぐに「しそや！」と気づいていたよね。近くで見てみると、たしかにしそっぽい。においをかくにんしました。やはり、しその種でした。先生のあげたしその種が、次の春に芽を出してくれたら、とってもうれしいです。松山先生も、ななこ一家も、しそだって生きられてうれしい。ただ、バッタ王国だけは作らないよう気をつけてね（笑）。バッタ国の王より。

実は…　　ともあき（四年）

実は、いつも長なわやっているときは、両ひざがすごくいたいんです。とくに、ひざを使う運動は、今は、ひざがいたいので苦手です。

自分では、ひざをいためているのかな？　と思っていますす。何か月もいたいので、早くなおってほしいです。

でも、長なわは、すごくいたくなるけど、クラスの新記録のために、がんばります！

春も足が悪い中、がんばって走ったともあきさん。実は今、ひざが痛かったんだな。そんなことみんな気づかないぐらい。長縄しっかりとべているよ！痛い中でみんなと新記録を出しているんだなぁ。うれしいよ。

みんなでつないだ二学期　　ひめ（四年）

『つなぐ』は、かんたんそうだけど、実はとてもむずかしい。でも、達成すると、ものすごい力になる。

一〇月、運動会で、選抜リレーに出た。一年生から六年生まで、バトンを「つないだ」。なんども練習した。

本番、白組みんなのおうえんが聞こえた。あの、緑のバトンは、わたしたち選手だけではなく、白組みんなでつないだ物だった。わたしも、自分だけのためではなく、白組みんなのために、がんばった物だった。とってもいい運動会になった。

一一月、四年生みんなで、りゅうじん太鼓をやった。太鼓のリズムが、つながるように練習した。

本番、みんなの心が、一つになってリズムが、つながった。

一二月、みんなで大縄をした。力を合わせて、連続新記録にちょうせんした。連続の最高記録201回が、出た時は、うれしかった。

一人一人の力は、小さいけれど、みんなが『つながる』二学期でした。

つながったとも言えるし、つなげたとも言えます。一人ひとりができることは小さくとも、みんなで協力すればこんなことができるんだという自信も大きくなった二学期でしたね。ひめさんのすてきな所は、運動会、和太鼓、大縄と、本来は別々のものを、「つながる」ということでつなげて見ている所です。この先も、きっと「つながる」ことで、ひめさんもみんなものびていけるんだ。

か（虫）　　しんじ（四年）

血をすっちゃってごめんなさい
実は理由がありまして
人間の血をすうかはメス
植物についた水てきをのむのはオス
人間の血を理由は
おなかに赤ちゃんがいて
出産間近のかなのです
だからぼくたちかでも
やさしくしてはくれないか

そんな大切な理由を聞かされちゃうと、ちょっと困っちゃうなぁ…（笑）。この詩を読まなかったことには、できないか…。

※　詩を書くことや、いろいろな生物の生き方にも興味がある子たちでした。

最後に

最後に、これまでのことを覆すようなことを言います。作文に力を入れていれば、それで学級づくりがうまくいく。そんなことはありません。学級と授業や作文は、車の両輪の関係なので、どちらもが回らないと、学級の様子も授業での子どもの輝きもなければ、何事も前には進んでいきません。どちらかに偏ると、左右どちらかに倒れてしまい、結局は両輪共に、レールから脱線してしまうのです。私にも何度もその危機がありました。

学級づくりには、その教師、その教師の持ち味が生かされるものです。

「作文を書かせる時間を取らなくても、作文にコメントを入れなくても、みんなで作文を読み合わなくても、自分は毎年毎年いいクラスを作ってきた！

それは、すごいと思います。ただ、そこにプラス作文指導を入れて、ここで述べてきたことを少しずつ実践するだけで、さらに子ども達に磨きがかかったり、さらに一人ひとりが人としておもしろい存在として見えたり、より個性を認め合えるクラスに近づけたりできます。そこが、作文教育のおもしろいところです。個の指導であり、全体の指導でもあるのです。

今回、筆者である私は、読者の皆様に、少しでも「なんか作文読むのが楽しみになってきたぞ。」「作文の読み聞かせだけでもしてみようかな。」「作文指導って、表現だけの力を伸ばすわけではないんだ。たくさんの可能性があるんだ…。」と、わずかでも思っても
らえたなら、書いた意味があります。私の書いてきたものに、もともと価値はありません。そうです。価値を見出すのは、読者のあなたなのです。

小特集 一学期の文芸教材
私ならこう授業する

初めての文芸教材『はなのみち』(一年生)

～『おおきなかぶ』へとつながる道～

倉富寿史（神奈川文芸研）

はじめに

四月に入学してきた一年生たちは、鉛筆の持ち方や文字の書き方を学び、言葉に興味を持つ中で、初めての文芸教材『はなのみち』（光村）の学習に入ります。『はなのみち』は、のちに学習する『おおきなかぶ』の、前段階の教材と位置づけ、基本的な文芸用語を初めて教える教材ですが、実際にどのような発問をして授業を進めていくのか、児童の反応や教材の分析とともに、説明をしたいと思います。

だんどり

（※Tは教師、Cは児童）

まず、題名だけを板書します。

T　今から、物語を勉強していきますが、この題名を見て、どんなお話だと思いますか？

C　お花の道があるのかな。

C　どんな道かな。

一年生の子どもたちは想像し、読む前から少し興味を抱きます。その後に、「では、どんなお話なのか知りたくなってきたので、今から教科書を開きましょう。」と言い、物語に出会わせていきます。素晴らしい文芸作品の題名には、読み手の興味をひく力＝《しかけの働き》があるので、導入の段階でそこを意識させることはとても大切なことです。

一場面（たしかめよみ）

くまさんがふくろをあけている様子が語られています。音読をした後は次のような授業の展開となります。

T 「くまさんがね、ふくろをみつけましたよ。」と、一年生のみんなに話している人がいます。その人のことを《話者（語り手）》と言います。そして、それを聞いている人を《読者》というんですよ。《読者》は、このお話を読んでいるみんなのことです。

その次に、

T 「おや、なにかな。いっぱいはいっている。」と言っているのは誰ですか？

C くまさん！

T このように、物語の中で人間みたいにしゃべったり動いたり考えたりするものを《人物》と言います。

と教えます。現実世界の熊は、挿絵で描かれているように手を使って袋を開けたり、しゃべったり、家の中で生活するようなことはしません。でも、物語の中では、まるで人間のようです。文芸研ではそれを《人物》と定義し、『はなのみち』を教える時、その用語を教えていきます。

この《話者（語り手）や読者》《人物》という用語は、一見難しいと思われるかもしれませんが、意外と子どもたちはすぐに覚えてくれます。そして、他の教材でも繰り返し使い、定着を図っていきます。基本的な概念とそれを表す用語を理解することで、子どもたちが物語を読み、考えるうえで、確かな足場となっていくのです。ちなみに、「　」（かぎかっこ）の中の文章は人物がしゃべっている言葉であることも、教えます。

さて、教科書に載っている挿絵も、物語を理解していくうえで、大事なてがかりとなります。

T　絵を見てみましょう。何かわかること、気づくことはありませんか？

C　ふくろのなかに、ちいさくてつぶつぶのなにかがいっぱいはいってる。

C　たねみたいなものをもってる。

C　とりさんがくまさんをみている。

C　ランプがある。

C　タンスのなかに、はこがはいってる。

というように、いろいろと発言します。または「ストーブにひがついている。」と答える子もいるかもしれません。そしたら「あったかそうだね。そこから何かわかることはありませんか？」と発問します。一年生の子どもたちはすぐに「冬で寒いから、つけてるんだよ。」と発言し、この挿絵から季節が冬であることを確認することができます。これは四場面への伏線となるので、おさえておきたい点です。

この一場面では、ほかにも発問することがあります。それは、〈くまさん〉の気持ちについてです。

T　くまさんが、「おや、なにかな。いっぱいはいっている。」と言っていますが、くまさんの気持ちになってみましょう。どんな気持ちだと思いますか？

C　このつぶはいったいなんだろう。

C　なにかのたねかなあ。

と子どもたちは答えます。このように、人物の気持ちを想像することを《同化する》と言います。物語の授業を行う時は、人物に同化させ、しっかりと気持ちを考えさせることが大切です。

二場面（たしかめよみ）

二場面では、〈りすさん〉という《人物》が出てきます。でもその前に子どもたちは、挿絵から、小さなつぶがたくさん落ちていることに気づきます。

C　あっ！　ふくろからこぼれてる！

C　ふくろのなかにはいっていたちいさなつぶがおちてるよ。

C　たぶん、たねだと思うよ。

挿絵からわかることをたっぷりと発言させた後、《話者・人物・読者》の用語の復習をします。

T　〈くまさんは、ともだちのりすさんに、ききにいきました。〉と、読者であるみんなに語っているのは、誰ですか？

C　わしゃ（かたりて）。

T　人物が二人出てきましたが、誰と誰ですか？

C　くまさんとりすさん。

T　くまさんは、りすさんに何を聞きに行ったのでしょうか？

C　ふくろのなかみについてききにいった。

そして理由を聞く発問をします。

T　くまさんは、なぜりすさんにききにいったのでしょうか。

C　ともだちだから。

話者の語りの中で、〈ともだちのりすさん〉という表現があるので、すんなりと答えることができます。

その次は、一場面の時と同様に、挿絵を見て気づいたことを発表させます。

T　季節は、いつでしょうか。その理由も考えましょう。

C　きせつは　ふゆです。

C　じめんがちゃいろだから。

C　きに　はっぱがついていないから。

C　いけがこおっているから。

C　くまさんのいえのえんとつから、しろいゆげのようなものがでているから、きっとそとがさむいんだよ。

このように、二場面も寒い季節だということを意識させます。低学年の時期は、「いつ」「どこで」「だれが」「なにを」「なぜ」「どうした」という確認が大切です。この二場面は、「冬に」「くまさんが」「りすさんに」「袋の中身について」「わからないから」「聞きに行った」という場面になる、というわけです。

三場面（たしかめよみ）

T 「くまさんが、ふくろをあけました。」という部分を語っているのは誰ですか？

C わしゃ（かたりて）。

T 「しまった。あながあいていた。」という部分を語っているのは誰ですか？

C くまさん。

T くまさんは袋の中身を落としてしまいましたが、そのことに気づいたのは、いつですか。

C りすさんのいえへいったとき。

C りすさんといっしょにふくろをあけたとき。

T くまさんの気持ちになりきってみましょう。どんな気持ちが想像できますか？

C たいへんだ。どうしよう……。

C まいったなあ。

C あながあいていたなんて、しらなかったよ。

C せっかくりすさんに、ききにきたのになあ。

このように、人物に同化して考えさせます。でも、それだけではなく、次のような発問もします。

T そんなくまさんを、みんなはどう思いますか？ こんなくまさんをながめてみて、読者であるみんなは、どう思いますか？

C かわいそうな　くまさん。

C もっと　はやく　きづいていればよかったのに。

先ほども述べたように、読者が人物の気持ちになりきって想像することを「同化する」と言います。それとは逆に、読者がその人物を読者として客観的に見ることを「異化する」と言います。「同化」と「異化」の用語は、一年生にとって難しいので、しばらくは、わかりやすい説明を加えながら、扱っていきます。

四場面（たしかめよみ）

この四場面では、一場面の時の「小さなつぶ」が、花の種だったことがわかります。

T 季節はいつになりましたか？ それは、どこからわかりますか？ 一場面の絵と比べてみましょう。

C　はる。
C　きにはっぱがあるから、はるになった。
C　一ばめんは、くさがちゃいろだったけど、みどりいろになっているから、はるになった。
T　そうですね。季節は春になりました。では、ほかに、どんなところから、春になったとわかりますか？
C　じめんがみどりいろだから。
C　どうぶつがたのしそうだから。
C　おはながさいているから。
C　ちょうちょうがいるから。
C　おたまじゃくしが　いるから。
T　一行空いているところがあります。それはなぜでしょうか？
C　じかんがたっているから。
C　おはながさくまでに、じかんがかかるから。
T　あたたかいかぜがふきはじめて、なにが　できましたか。
C　ながいながい、はなのいっぽんみちができた。
T　では、ふくろのなかみは、なんだったのでしょうか。
C　はなのたね
T　〈ながい〉と〈ながい　ながい〉をくらべると、どうちがいますか。
C　〈ながい　ながい〉というほうが、とってもながいかんじがする。

まとめよみ

T　〈ながいながい、はなのいっぽんみち〉は、別の言い方をすると、どんな道ですか？
C　ともだちのみち。ともだちをつなぐみち。ともだちにつながるみち。

右記のような問いは、一年生にとっては難しいかもしれませんが、子どもたちに深く意味づけさせる価値のある発問だと思います。なお、この四場面でも挿絵が大きな手がかりになっていることは言うまでもありません。一場面の冬の場面と対比的に描かれているので、比べるといろいろな発見があります。

それから、一行分の空いている箇所がありますが、文芸作品は、一字一句練られたものなので、意味のない部分は一つもなく、空白があったとしたら、それは作者が意図的に空けた部分であると意味づけることが、より豊かなイメージにつながっていきます。

また、春になって花が咲いたということ、そして二場面の「何かが落ちている道筋」が四場面の花の道と同じであることから、「花の種」という発想がすぐに浮かんできます。

ちなみに、言葉の「反復（繰り返し）」は、強調する働きがあります。〈ながい〉と〈ながい　ながい〉を対比してみると、二回続けて言った方が、より長い感じが印象として残ります。繰り返しを意味する「反復」という表現技法は、私たちが日常でも用いている方法です。

最後の「ながい　ながい　いっぽんみち」は、「はなのみち」のことですが、読み取った内容について、読者が読者自身の言い方で別の意味（深い意味）を持たせることを「意味づける」と言います。これは、物語の世界が、読者とは遠い存在の架空のできごとではなく、読者の日常生活につながる世界である、と理解することにつながります。

おわりに

算数の問題と比べると、文芸の授業では、答えに幅があります。ただしそこには、妥当性と整合性のある意味づけがなされていなければいけません。授業では、くまさんが〈ともだちのりすさん〉に聞きに行ったからこそできた道、ということで、先ほどのような意味づけができると思います。

一年生がこれから過ごしていく中で、この物語のような【友情の道】が数多くできあがっていってほしいという教師側の願いもこめることができます。

小特集　一学期の文芸教材　私ならこう授業する

真に「深い学び」は深い教材研究から

～四年生『一つの花』の授業～

山中尊生（大阪文芸研）

はじめに

小学校六年間で、平和教材はいくつあるでしょうか。数少ない平和教材をどのように学んだらいいのか、何をポイントにおさえたらいいのか困ることもあるかもしれません。戦争を知らない子どもというように、今は教師さえも戦争について、実体験しているわけではありません。しかし、今の四年生の子どもたちが戦争について真摯に向き合い考えることはとても大切なことだと思います。

平和教材は、戦争の非人間性を学ぶこと、またその中で生きる人間の真実をつかむことが大切です。戦争の物語は、人間賛歌の物語であるとも言われます。戦争という極限状態に置かれた人間の強さ、愛の深さ、優しさがより浮き彫りになるからでしょう。戦争について、人間について四年生の子どもたちなりに向き合い考えてほしいものです。

「主体的、対話的で深い学び」が求められていますが、その深さとは何でしょうか。まずは、教材の特徴を教師がしっかりとつかむことです。

教材の特徴

この教材の大きな特徴は、語り手が人物によりそわず、《外の目》から語っていることです。語り手が淡々とした口調で人物たちを見て語っている特殊な作品となっています。だから、読者は誰にも《同化》せず、まるで、この時代に生きているゆみ子たちを側で目撃者のように体験していくことになります。淡々と語られる戦争に、読者として向き合い何を感じるのでしょうか。

また、題名の「一つの花」は、この作品を象徴しているものになります。教材の特徴をおさえ授業を組み立てていくことがとても大事です

「一つの花」を学習する上でおさえておきたい表現の特徴はいろいろありますが、それをおさえた上で授業で子どもに何を教え、どんな力をつけたいのかをはっきりさせることが重要です。

また、この教材では空襲とは何かを知らないと豊かにイメージできないため、『火垂るの墓』などで空襲場面の恐ろしさなどを見せたり、この時代の状況がよくわかる絵本などを読み聞かせをしてから授業に入るといいでしょう。そのことを文芸研では、《だんどり》と呼んでいます。教材を読む上で必要な知識は教師が手立てを用意し、子どもに教えることが、深くて豊かな学びにつながります。

「一つの花」の表現上の主な特質

1 敬体の文章体、淡々と語る語り口
2 会話文の多用
3 文末表現
・読者に語りかける表現
・強調の「～のでした。」「～のです。」
・「～してしまいました。」
4 比喩表現
・まるで～ではないかのように

一学期のポイント

一学期の文芸の授業で大切なのは、人物像を豊かにイメージ化させることです。言葉・表現からどのようにイメージを広げるのか、人物像をとらえるには言動

をおさえていくことが大事だということを体験的に学ばせることが大切です。言葉を根拠にイメージを広げる、そのために、本文に線をひく、付箋を使う、吹き出しを使って人物の気持ちを出すなど、イメージを広げるのが苦手な児童も安心して考えられる手立てをとることが必要となってきます。文芸の授業は学力差を超えて学び合うことができます。誰もが豊かに語り合い、深く考えるために、一学期からしっかりと授業を仕組み、語り合える学級集団をつくっていくことが必要となってきます。

そのために、教師が準備することは深く教材を分析・解釈し、表現の特徴をおさえ、この教材でどんな力をつけるのかをはっきりさせることです。文芸学という理論を持っていることは、教材をとらえる上でとても大きな力になります。まずは、この文芸教材が何を描いているのか（主題）をとらえることです。その上で、何を認識させるのかを浮き彫りにさせます。

題名読み

「一つの花」という題名に子どもたちはどんな思いをもつでしょうか。たくさんの花がある中で、「一つの」とあるから、「どの花のことかな」「どんな花なのかな」「なぜ、一本ではなく一つなのだろう」など疑問をもちます。また、花の美しさを想像するとともに、「一つの花」ということで、「大切な花なのかな」「どんな思いがこめられているのだろう」と興味・関心をもって作品を読んでいくことになります。このように、読者の興味・関心を引いて、先を読みたくさせる方法を《仕掛》と言います。

また、この題名は、作品の思想が象徴的に表現されているものとなっています。つまり、この作品に出てくる花の意味を考えてくださいと、作者が目のつけ所を示しているのです。このように題名には、《仕掛》とともに《観点》を絞るという働きがあります。一学期に題名の役割をおさえておくことは、作文指導にも説明文指導にも役立つのでしっかりと学ばせたいものです。

はじめの感想

七海さん

わかったこと、ゆみ子は、一つだけちょうだいが初めに覚えた言葉だった。疑問におもったことは、ゆみ子は、お父さんの顔を覚えていないなんてかわいそうだ。気づいたことは、お父さんが戦争にいってというところからゆみ子はかわいそうだなぁと思った。あれから、一〇年たってコスモスに包まれた家でくらしているゆみ子は、いいな。

美波さん

人がいっぱい戦争にいってしまった、死んでしまう。昔は、豆や、いも、かぼちゃぐらいしかなくて、みんな、栄養失調でなくなるんじゃないかと思った。毎日、敵の飛行機が飛んでくるから、ねるひまもなかったと思う。

ゆみ子はこんな小さい時から、戦争があるからかわいそう。今は、戦争はないし、ふつうにこたつとかストーブがあるけど、昔は、ないから、寒かったと思う。いまは、本当に平和だと思います。

《はじめの感想》は、一時間目に題名を読み、《だんどり》をして、教師が読み聞かせをした後に書きます。《はじめの感想》は児童がどんな認識をもっているか、どんな疑問をもっているかを教師が把握し、授業を組み立てるときにすごく大事な情報になります。また、文章を読んで感想をもつのが苦手な児童には、教師が会話をしながら、イメージ化を手伝ってやり、それから書かせることも大事な種まきの一つです。書くこと一つをとっても、一学期から教師が仕組んでいくことが大事です。

「わがまま」をどう乗り越えるか

一つの花は、目撃者体験が中心です。今まで人物の気持ちがよく表れている作品が多かったので、はじめは戸惑うかもしれませんが、言葉・表現にこだわって丁寧にイメージ化していくことが大切です。語り合う中で一年間で力がついていきます。

T1　みんなが言ってくれたように、戦争は大切な人の命や暮らしを次々に奪っていくんだね。そんな戦争という状況の中で、生きているゆみ子ってどんなゆみ子かな。

佳苗　わがまま。

T2　どこがわがままだと思った。

佳苗　なんか食べ物がないのに、もっとちょうだいって言っているから。

龍介　佳苗さんと同じでわがままだと思う。

千鶴　まずしい暮らしをしていると思った。

大道　お母さんは、食べ物を分けてあげてたけど、ぼくからみると「もうー。」って感じで、うざいと思った。

T3　ゆみ子の口ぐせは何やったかな。

大地　ひとつだけちょうだい。

T4　「一つだけちょうだい」だったね。ゆみ子の口ぐせって最初から、「一つだけちょうだい。」だったかな。教科書の言葉から考えてね。

琴実　最初は、もっともっとって言っていた。

T5　そうだね。一番最初はもっともっとと言っていますね。幼いゆみ子は、おなかがすいたから、もっともっとと言っていたのが、だんだん変わってきたんだよね。そしたら、お母さんの口ぐせは何でしたか。

七海　「一つだけ…。一つだけ…。」

大道　なぜ、一つだけなんだろう。

真由美　優しい。自分の分からわけてあげているから、お母さんは優しい。

T6　もし、戦争がなくても、お母さんは「一つだけ」ってわけてあげてたかな。

龍介　お母さんは、ほんとはもっとわけてあげたい。

千鶴　戦争じゃなかったら、もっとわけてあげていると思う。

理与　お母さんは、自分の分からわけていると思う。

T7　戦争のときってごはんいっぱい食べれたかな。

C　少なかった。

T8　この時代はおいもやかぼちゃしかなかったんだね。

理与　それをお母さんがあげている。ゆみ子は「一

大道　つだけ、一つだけ」といっているけど、もっとくれって思ってたんじゃないかな。ゆみ子はなんでもっともっとと言わないかというと、今は戦争中やから、食料もないし、一つだけ、一つだけと言ったら、どんどんどんどんもらえる。もっともっとというたらあんまりもらえないけど、「一つだけ」っていうたら、たくさんもらえると思っているんじゃないか。

伶　こつこつ貯金しているみたい。ゆみ子はよくばり。一つだけと言ってたくさんもらえてる。

T9　ゆみ子はご飯のときでもおやつのときでも一つだけってねだっているけど、ごはん食べているのにおなかすいているのはなんで？

龍介　一人分が少なかった。

T10　戦争のために、食料がそれだけ、すくなかったからだね。こんな時に一つだけってねだるゆみ子はわがままだと言えるかな。

龍介　違うと思う。

C　わがままじゃない。

T11　なんで、ゆみ子は、「一つだけちょうだい」って覚えてしまったのかな。

健介　お母さんがいつも言ってたから。

真由美　お母さんが「一つだけ」って言ってたから、それを覚えた。

龍介　最初ゆみ子はもっともっとって言ってたんだけど、お母さんがいつも「一つだけ」って言っているから、もしかして「一つだけ」って言ったら、またもらえるんじゃないかとたぶん思って、「一つだけ」を覚えた。

T12　自分でさえ食べ物が少なかったのに、幼いゆみ子に「一つだけ一つだけ」って分けてあげるお母さんを見てどう思う。

龍介　自分の分からわけてあげるところから、優しいと思った。

侑　龍介さんと一緒だけど、自分のことよりゆみ子のことを考えていて優しいと思った。

T13　そうだね。そんなにもゆみ子のことを考えている優しいお母さんだね。

「一つの花」では、ゆみ子がわがままという意見が出ます。これは戦争という条件（状況の条件）を理解していないからです。条件的なものの見方・考え方を学び、授業の中で深めていくことがポイントです。

〈一つの花〉のイメージをとらえる

四場面（プラットホームの場面）でお父さんがゆみ子にあげた〈一つの花〉のイメージをとらえる授業の一部を次に紹介します。

T14　どんなコスモスの花ですか？
俊輔　生き残りの花。
T15　どこからそう思った。
俊輔　ひとつだけけって所から。
夢乃　わすれられたようにさいていたコスモスの花。
百香　ひとりぼっちのさみしい花。
T16　どこからそう思ったの。
百香　わすれられたようにさいていたって所から、ひとりぼっちのさみしい花と思いました。
美波　ゆみ子たちみたいにさみしい花。
里奈　百香さんと同じで少しかわいそうな花。
侑　百香さんと同じ意見で、〈わすれられたように〉から、かわいそうな花。
真由美　〈わすれられたように〉から、さみしい。
龍介　〈わすれられようにさいた一つの花〉から、ゆみ子の口癖にぴったり。
健介　一輪だけ咲いている孤独な花。
佳苗　美波さんと似ていて、ゆみ子たちの家族と同じような花。
T18　〈わすれられたように〉というのは、たとえっていうのだったよね。そしたら、こんなコスモスの花をみつけてきたお父さんのことをどう思いますか。
伶　そんなに強くないけど、目がいい。わざわざ、はしっぽのゴミ捨て場のようなところから花をみつけたから。
美波　子どものためにいっしょうけんめいなお父さん。プラットホームのはしっぽのゴミ捨て場のようなところなんか普段あんまり見ないけど、お父さんはゆみ子をあやそうとがんばって探しにいったから。

龍介　体は弱いけど、心は優しい。

侑　子ども思い。

T19　どこからそう思った。

侑　ゴミ捨て場ようなところから、見つけてきたから。

真由美　美波さんの意見と似ているけど、我が子を泣かせたくないと思うようなお父さん。

奈津美　優しい、忘れられたようにさいた一つの花をみつけたから。

健介　食べ物がないから何か別のものをあげようと思った優しいお父さん。

おわりの感想

綾乃

　一から五場面を読んで家族というものはすごいなぁーと思った。なんでかというとお父さんはもう戦争に行くというのに子どもの心配をして自分が死ぬかもしれないのに子どもを喜ばせようとするのがすごいと思った。

　お母さんは、ゆみ子が泣いている顔をみせたくなかったのかもしれないからいっしょうけんめいあやしているからすごいと思った。

　私は、こんなお父さんとお母さんをもっていたらしあわせだったと思う。

理香

　一つの花を最初に読んだ時は、戦争はざんこくでお父さんとお母さんもやさしいなぁとだけ思ったけど、二回も三回も読むとゆみ子の「一つだけちょうだい」は最初食べ物をちょうだいと言ってたけど、最後にはお父さんのあげたコスモスの花でもゆみ子はよろこんでいてお父さんはこの時、ゆみ子に食べ物じゃない一つだけのよろこびをわかってほしかったのかと思った。お母さんはお父さんにあげるはずのおにぎりをゆみ子にあげないと泣いちゃうからお父さんにゆみ子のなきがおをみせたくなかったと思った。

　ゆみ子の家族は思いやりがあるいい家族だと思った。ゆみ子の一〇年たった今では、お肉とお魚とど

っちかと選べるようなゆたかな生活になっていて、ゆみ子もすなおでいい子に育っていて、おかあさんの思いやり、コスモスのおかげで、一〇年後のゆみ子があるのかなぁと思った。

「一つの花」の《美》とは

五場面では、一〇年後の成長したゆみ子の姿が描かれています。コスモスの花につつまれ、肉か魚か選べるほど豊かになり、ミシンの音から忙しく働く母のイメージも浮かび上がってきます。お買い物にいくゆみ子は、元気で母のお手伝いもする頼もしい姿に成長しています。「平和でよかったな」と思うと同時に、「あの優しい父の顔も覚えてないかもしれない、ゆみ子はかわいそうだ」「ここに父がいればもっと幸せに暮らせたのでは」という思いもあふれてきます。そう考えると、平和な中に戦争が見いだされ、幸せの中に不幸をみる矛盾するイメージ、つまり文芸における《美》をこの作品では、発見することができます。

戦争はすべてを奪いつくしていくものです。「ちいちゃんのかげおくり」「一つの花」と戦争の恐ろしさ

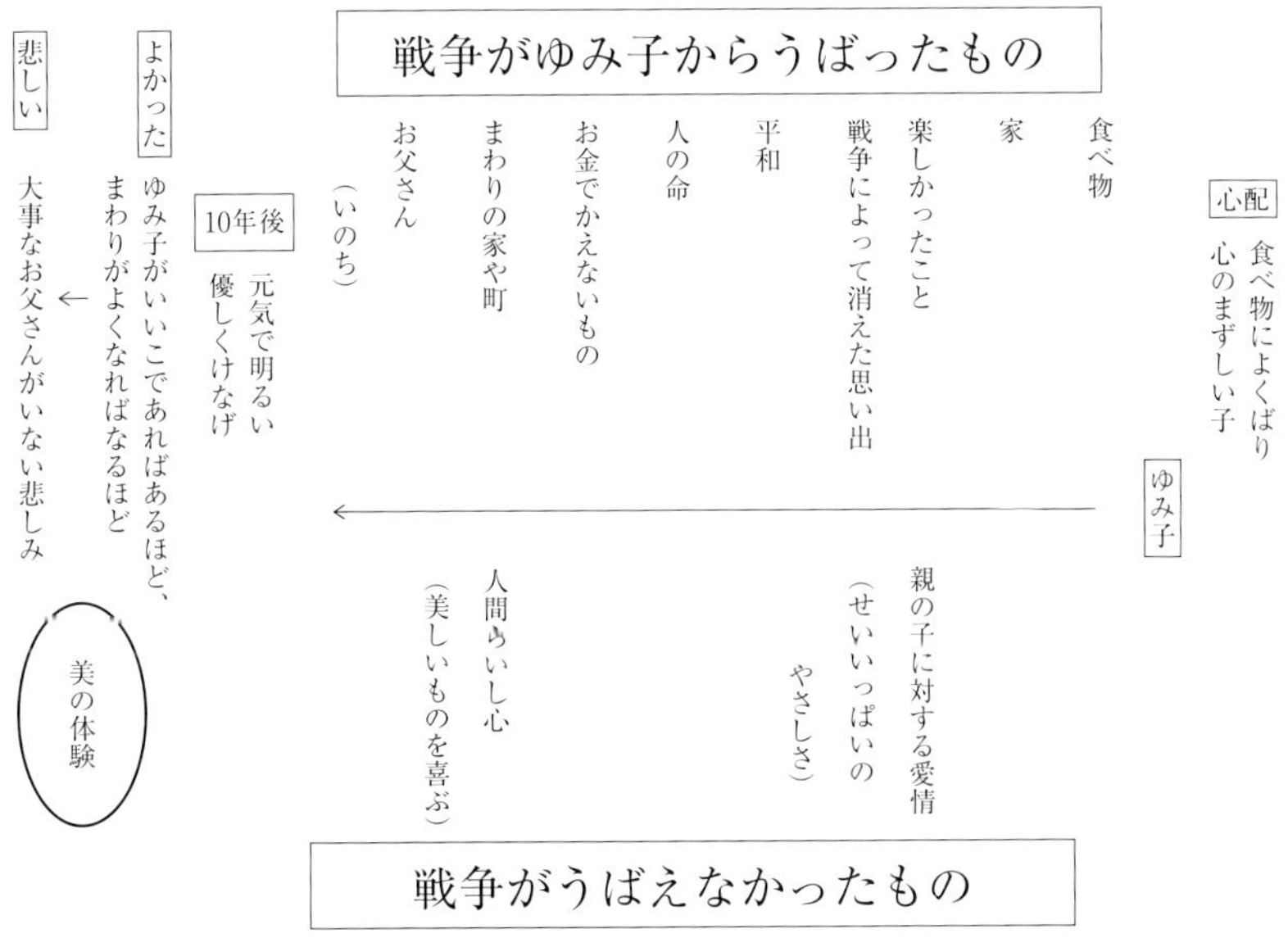

について学んでいくことが大切です。その恐ろしさがわかればその中で必死に生きているゆみ子の姿に、心を動かされ、だからこそ戦争はだめだという認識に至ることにもなります。

おわりに

一学期の授業はなかなかうまくいきません。子どもたちに認識の力（認識方法・認識内容）が育っていないからです。だからこそ、ことば・表現にこだわり、豊かにイメージ化し、深く人物像、世界をとらえていくことで子どもたちに、文芸を語り合うことの楽しさを伝えたいのです。国語は人間認識を深めることも大事な目的の一つです。理論と実践は車の両輪です。西郷文芸学という理論が、深くて豊かな実践の支えになります。

参考文献

・『文芸研授業シリーズ②一つの花』　辻恵子　新読書社　二〇一六年

・『光村版・教科書指導ハンドブックものの見方・考え方を育てる小学校四年・国語の授業』　西郷竹彦監修　新読書社　二〇一五年

・文芸研の授業③「一つの花」の授業』　藤原鈴子　明治図書　二〇〇三年

小特集　一学期の文芸教材　私ならこう授業する

アイロニーに富んだファンタジーの授業

～『注文の多い料理店』（五年生）の授業～

清田和幸（山口文芸研）

はじめに

　児童文学作家としてあまりにも有名な宮沢賢治。彼の作品の中でも、真っ先に名前が上がる作品が、『注文の多い料理店』ではないでしょうか。東京書籍の五年の教科書にも掲載されており、何度か授業をしてきました。始めはどう授業するべきか迷っていましたが、文芸研で学ぶ中で、「こう読んでいけば、おもしろく、また、味わい深く読めるなあ！」と実感することができました。

作者のことば（広告文）より

　まず、作者である宮沢賢治が、この作品について、次のように解説しています。

　二人の青年神（原文のまま）士が猟に出て路を迷ひ「注文の多い料理店」に入りその途方もない経営者から却《かえ》つて注文されてゐたはなし。糧《かて》に乏《とぼ》しい村のこどもらが都会文明と放恣《ほうし》な階級とに対する止むに止まれない反感です。

〈糧《かて》に乏《とぼ》しい村のこどもらが都会文明と放恣《ほうし》な階級とに対する止むに止まれない反感〉とありますが、それはいったい、どういう意味なんでしょう。

とても肯定できない「二人のわかいしんし」

文芸作品において、登場人物の人物像を豊かにとらえることは、とても重要です。この物語の視点人物〈語り手がよりそっている人物〉でもあるこの〈二人のわかいしんし〉の人物像はというと、〈すっかりイギリスの兵隊のようなかっこうをして〉とあり、山奥に狩りに来たというわりには、あまり似つかわしくない格好です。持っている銃は〈ぴかぴかする鉄砲〉とあることから、あまり使っていない銃のようです。そのうえ〈白くまのような犬〉を連れており、この犬も鳥や獣を追う猟犬としては、あまりふさわしくない犬と言えるでしょう。つまり、この二人は、狩りには精通していない、「ド素人」であると言えます。

「〈二人のわかいしんし〉が視点人物」とはじめに述べました。〈専門の鉄砲打ち〉が〈どこかに行ってしま〉ったと語り手が語っていますが、これもこの二人から見た様子なので、もしかしたら、ド素人の二人が勝手に山の奥に迷い込んだのかも知れません。その二人がしゃべっている内容と言えば、〈「ぜんたい、ここらの山はけしからんね。鳥もけものも一ぴきもいやがらん。なんでも構わないから、早くタンタアーンと、やって見たいもんだなあ。」／「鹿の黄色な横っ腹なんぞに、二三発おみまいもうしたら、ずいぶん痛快だろうねえ。くるくるまわって、それからどたっと倒れるだろうねえ。」〉

とある通り、命をあまりにも軽く見ていることがわかります。さらに、自分たちの犬が死んだ時でさえ、〈「じつにぼくは、二千四百円の損害だ」と一人のしんしが、その犬のまぶたを、ちょっとかえしてみて言いました。／「ぼくは二千八百円の損害だ。」と、もひとりが、くやしそうに、あたまをまげて言いました。／はじめのしんしは、すこし顔いろを悪くして…〉とあるように、自分の飼い犬の死を、お金の損害としか見ることのできない二人です。

これらのことから、この二人が外見ばかりにとらわれて、ものごとの意味や価値を深く考えない、軽薄な人物ということがわかります。

また、この物語の始めから終わりまで一貫して言えることですが、この二人の会話を読むと、どちらが先に言ってどちらが後にしゃべったという細かいことは書いてありません。言うなれば、どちらがどちらでもよいということです。この二人は二人とも同じような考え方の持ち主だということです。

犬の死に対する行動を読む時、読者である子どもたちのほとんどが、二人を軽蔑し、否定的にとらえると思います。それで良いと思います。そうやって、二人を批判したり、馬鹿にしたりしながら、この物語をおもしろく読み進めていくことがこの物語の基本的な読み方ではないかと思います。

不気味な山奥のイメージ

では、二人が迷い込んだ場所はどんなところなのでしょう。決して賑やかな街中ではありません。

語りの順番で見ていくと、次のようになります。

①だいぶ山奥の、木の葉のかさかさしたとこ

↓

②それはだいぶの山奥でした。案内してきた専門の鉄砲打ちも、ちょっとまごついて、どこかへ行ってしまったくらいの山奥でした。

↓

③それに、あんまり山がものすごいので、その白熊のような犬が、二ひきいっしょにめまいを起こして、しばらくうなって、それから泡をはいて死んでしまいました。

〈山おく〉のイメージが順をおって、不気味なイメージへと変化発展していきます。

この順序が逆ならばどうでしょう？　はじめに、〈山がものすごいので〜死んでしまいました。〉とあったら、読者には納得できないのではないでしょうか。

ここに、ファンタジーの描き方があります。

西郷会長の言葉を引用します。

ファンタジーの世界は非現実をはらんでいますから、現実にはありえないことに子どもである読者が入ることができないことがあります。ですから読者が抵抗なく非現実の世界へ飛び越えていくためには、そこに現実性（リアリティ）が必要です。作者はそのために、作品に現実性・実感を与える表現をいろいろ工夫しています。

具体的に言いますと、細部（ディテール）を描くという方法をとっています。日本の児童文学者でファンタジーの名手といわれている佐藤さとるさんは、講談社から出した『ファンタジーの世界』で、〈小さな真実を積み上げて、大きなうそをつく〉という言い方をしています。現実感がある一つひとつの小さな細部（ディテール）を積み上げて、大きなうそをつくということです。

『意味を問う教育』（明治図書　一一二頁）

西郷会長のことばにある通り、この物語でも作者は、読者が抵抗なくファンタジーの世界に入ることができるように、はじめは読者にもイメージできることを細かく描き、徐々に不気味なイメージを広げながら、ふしぎな世界を描いています。

ですから、この後に続く、〈料理店（山猫軒）〉の出現をはじめとする、数々のふしぎな出来事が抵抗なく、読者に受け入れられることになります。そう考えると、山猫軒が出現する時の〈風がどうとふいてきて、草はざわざわ、木の葉はかさかさ、木はごとんごとんとなりました。〉という声喩の並びも、〈風がどう〉から始まり、〈草はざわざわ〉→〈木の葉はかさかさ〉→〈木はごとんごとん〉と、イメージしやすい声喩からふしぎな声喩へと変化発展していっています。

子どもたちにファンタジーのふしぎな世界を体験させながら、それがなぜ可能なのかに気づかせ、さらには、それを学ぶことがどのような自己変革につながるかということにも、この物語を通して気づかせたいと思います。

「二人のしんし」と同じような人物である「山猫」

しんしの人物像について述べましたが、しんしを迎える側の「山猫」についても考えたいと思います。山猫はどんな人物かというと、一見、二人のしんしを巧妙な手口で、罠にはめたように見えますが、よくよく考えると、いくつも「おや?」と思えるところがあります。例えば、はじめに出てくる玄関の〈どなたもどうかお入りください。決してごえんりょはありません。〉

ということばですが、本来「どうぞ」「ご遠慮はい

りません」のはずです。それに、〈ことにふとったおかたやわかいおかたは、大かんげいいたします。〉

とあり、お客さんに失礼とも言える注意書きです。ですが、その文章の意味を深く考えもせず、〈大よろこび〉する〈二人のしんし〉が滑稽で、あわれです。

さらに、次々と出てくる扉のことばでは、鉄砲や帽子、外套、金物類〈とがったもの〉を取れと言ったり、〈牛乳のクリーム〉や〈香水〉と称した〈す〉、〈塩〉をお客にかけさせようとしたり、山猫が二人にやってほしいことをそのまま書いています。これらは、巧妙な罠という感じがしません。

そして最後の扉では、自分の子分に〈書きようがまずい〉とか〈まぬけ〉と言われてしまう山猫です。

これらのことから、山猫からも、しんしと同じように、それほど深い考えのない、浅はかで欲深な人物像が浮かび上がってきます。

「しんし」と「山猫」と、そして読者と

さて、〈二人のしんし〉と「山猫」の人物像を、馬鹿にしながら述べてきましたが、よくよく考えると、読者である我々が二人や山猫を馬鹿にできるのは、「再読の立場」で考えているからと言えないでしょうか。

初読の時に、今と同じように二人を馬鹿にしたり、その様子を滑稽に見ながら、読んでいたでしょうか。〈二人のしんし〉が扉が何枚もあるのを、〈ロシア式〉と言ったり、〈金物類〜ここに置いてください〉という注文に対して、〈料理に電気を使う〉と言えば、首をかしげながらも、二人と共に扉の先へ、突き進んで行っていたのではないでしょうか。

そう考えて自分のことをふりかえってみると、外見を気にしたり、自分より弱いものを見下したり、他者や自然を軽く考えたり、〈えらい人〉〈権威や権力〉におもねろうとするところが、多少なりとも、自分の中にもないでしょうか。

〈二人のしんし〉を手厳しく批判すればするほど、その批判の矢はかえって自分を貫くことになります。

西郷会長は、「ファンタジーは現実を逆照射する」と言われています。

この「注文の多い料理店」をアイロニー（皮肉）の込められたファンタジーとして、授業の中で取り扱うのは、このような教育的な意義があると言えます。特に、これから、下級生のお手本となって学校全体にかかわることになったり、自我が強くなり、良くも悪くも、他者と自分をくらべたりする高学年の子どもたちには、最適な教材と言えるでしょう。

授業記録より（はじめの場面から）

T　二人のしんしが「初心者」「素人」だとわかるところを探してみてください。
葉子　〈ぴかぴかする鉄ぽう〉というところで、〈ぴかぴかする〉ってことはまだ使ってないってことだから、この二人は「初心者」だと思いました。
T　もし、この二人が「熟練者」だったら
C　汚れた鉄砲
T　汚れた、使い込んだ鉄砲でしょうね。〈ぴかぴか〉ではないでしょうね。
蒼司　〈専門の鉄砲打ち〉がいるくらいだから、そんなに詳しくはないと思いました。
浩一　〈白くまのような犬が、二ひきいっしょにめまいを起こして、しばらくうなって、それからあわをはいて死んでしまいました。〉のところで、山で迷って死んでしまうくらいだから、この犬も初心者なのかなって思いました。
T　なるほど。では、この犬は何のために連れてきたんでしょう。
潤　迷子にならないためだと思います。
弘　この人たちがまだ初心者だから、撃つので失敗したらやばいから、自分の身を守るために、連れてきたんだと思いました。
尚弘　もし道に迷ったときに、犬は鼻が良いから、においをかいで助けてくれると思ったから、連れてきたんだと思いました。
T　この犬のように、狩りに連れていく「猟犬」は、隠れた獲物を吠えておびき出したり、しとめた獲物を捕まえさせたりする犬です。ハンターを守るための犬ではありません。ですから、小さくてすばしっこい犬が向いているんです。では、この犬はどんな犬ですか。

C　でかい／白くまみたい

T　そんなでかかったら、狭いところには入っていけませんね。つまり、猟にはあまり向いていない、猟という《条件》には合わない犬と言えますね。なんでこんな犬を選んだんでしょう。

希美　初心者だから、知らなかったんだと思います。

麻美　この二人のしんしは「自分たちに似合う犬」と思ったからだと思いました。

潤　かっこよくて強そうな犬だと思ったから。

T　はい。この二人は初心者で、「ど素人」だから、かっこいい犬を選んだんですね。でも、残念ながら、この犬は猟という《条件》には合ってない犬と言えます。では、なぜ、《条件》に合わない犬を連れてきたのでしょうか。

C　初心者だから／かっこいいから

T　つまり、かっこいいという「見かけ」が大事なんだね。中身じゃないんです。この二人が他に、「見かけ」を大事にしているところはないですか。

巧　〈すっかりイギリスの兵隊の形をして〉のところで、〈イギリスの兵隊の形〉だから、イギリスの兵隊になった気分なのかなと思いました。

T　〈形〉ってことは、恰好をしているってことですね。イギリスの兵隊の格好をしなきゃいけないのかな？　したほうがいいのかな？

C　いいや／せんほうがええじゃろう

T　そうだね。じゃあ、なんでそんな格好したの？

C　かっこいいから／強そうだから

T　つまりこの二人はどんな人物かというと、見かけばかり気にする人物と言えます。〈白くまのような犬〉〈ぴかぴかする鉄ぽう〉〈イギリスの兵隊の形〉で、見かけはとても強そうですが、その中身は、

C　初心者／ど素人

T　ど素人なんですね。

（まとめよみの授業にて）

T　二人のしんしは、知ったかぶって、どんどんどんどん、自分で自分を窮地に追い込んでいったんだね。で、読者はバカだなって思いながら、読んできました。ですが、二人のしんし以外にも、この

C　料理店にずーっと入っていった人がいるんです。

C　え？／山猫？

C　読者

T　なんで？

亘　だって、読者も、この料理店に入っていったじゃ。

T　看板のところを見てください。〈西洋料理店　山猫軒〉って書いてあったのを初めて見た時、〈WILD　CAT　HOUSE〉って怪しいと思った？

C　いいえ／全然

T　全然気づかなかったよね。つまり、再読ではおかしいなあって読んでいきましたが、初読の時、おかしいとは思わなかったでしょ。じゃあ、〈当軒は注文の多い料理店ですから、そこはどうかご承知ください〉と書いてあったときに、これは、お店からの注文って、思った？

C　思うわけない／思わん

T　例えば、〈これはロシア式さ。〉としんしが言っていた時、初読の時に、バカなこと言ってるなあって、思った？

C　ああ、そうなんだって思った

T　じゃあ、〈お客様がた、ここでかみをきちんとして、はきもののどろを落としてください〉ってあった時に、〈作法のきびしいうちだ〉って言うしんしをバカだなあって思った？

C　思わんかった／これは思った

T　じゃあ、〈電気を使う〉っていう二人のしんしのことを、バカだなあって思った？

郁太　いいや。電気も使うじゃろう。

T　おかしいと思っても、初読の時は、二人のことをバカだなあとまでは思わないでしょう。この二人は空腹だったんだよね。自分だって、すごいお腹が空いてるときは、だまされることはないでしょうか。

C　あるある／ある

T　そうやって考えてみると、今までこの二人のことをバカだなあって見てきましたが、この二人のことで、自分にも当てはまることはないですか。

C　あります／あります

郁太　ああ、全部当てはまるかもしれん！

T　確かに自分にも当てはまるなあってところはどこですか。
郁太　ぼくが当てはまるのは、お金のことばかり気にするのと、あほと、大切なことがわかってないのと、自己中なのと、動物の命を大切にしないのと……。
弘　ぼくは、お金のことばかり気にするのと、ずるいのと、大切なことはわかっていないのです。いつも話を聞いてなくて、後で他の人に聞いて、何をやるのかわからんくなるから。
T　なるほどね。真理さんはどう？
真理　全部当てはまる。
T　たとえば？
真理　自慢するし、お金のことばかり気にするし、ずるい？
葉子　私は、ずるいと自慢したがりが当てはまります。何回もお母さんや家族にウソをついてきているし、自慢は、ちょっとしたくなる。
T　自慢したくなるっていう人
C　はい／はい（全員が挙手）
T　確かに、自慢したくなることもあるよね。こうやって見ていくと、二人のしんしをバカにしてきたけど、こういう、人間の醜い欲望というか、自分の中にも二人のしんしと同じようなところがあるんだね。
※このあと、人間や行為などのものの見方・考え方には《美・醜》という観点があること、醜い生き方とは何か、美しい生き方とは何かを考えて、おわりの感想を書かせました。

おわりの感想より

・私は最初、二人のしんしが良い人だと思っていました。だけど、ずーっと読んでいくと〝残酷〟で〝外見ばかり気にしている〟とてもしんしとは呼べない人だと知りました。でもよく考えると、私もしんしと同じだと分かりました。自分のことしか考えられなくて、自分では何もできない、しんしと私は似ていると思いました。
　だから、私はしんしと似ているところを直そうと思います。そして良いところを増やしたいです。

（加奈子）

・ぼくは、二人のしんしはちょっとあやしく思っていたけど、もう一人のしんしが勝手に意味づけをして、どんどん自分たちからピンチに追いこまれてしまったので、勝手に意味づけたのはばかだなあと思いました。でも、二人のしんしに、ぼくは似ているところがあります。それは、自己中心的なところです。ぼくは、この話を読んで思ったことは、自分の自己中心的なところをなくそうと思いました。この話を読んで、本当に勉強になりました。

（明宏）

最後に

以前（ほんの二～三年前）勤務していた学校では、当時文科省の調査官だった水戸部修二氏の指導のもと、「単元を貫く言語活動」が展開され、授業を見に来た方々も、そういった授業を「これこそ、新時代の国語だ」と賛美していましたが、今はどうでしょう。

流行り廃りの激しい教育界です。「主体的・対話的で深い学び」もいつまでもつのやら…と、危惧せずにはいられません。やはり大切なことは、目の前の子どもたちのためを思い、しっかりとした理論を土台として、深く教材研究していくことだと、今さらながらに思います。あらためて、西郷会長に教えていただいた文芸学や教育的認識論のありがたさをかみしめるとともに、それを今度は、自分の周りの方々や未来を担う後輩たちに、伝えていかねばならないと思う今日この頃です。

連　載

子どもを育てる作文指導④

中・高学年―学級づくりと作文指導

辻　恵子（千葉文芸研）

構えずに語りかける「中学年のスタート」

ある年担任した三年生は、一年生の頃から「学力が低く、授業で共に学ぶ雰囲気がない」「自分勝手でまとまりが全然ない」とさんざんな言われ方をしてきた子ども達でした。話を聞く習慣がなく、自分の思ったことばかり口にする子達が中心になり、ざわざわしています。しかもその状態が日常化しているので、その騒々しさを何とも感じていないという有様でした。

これは最近どの学年でもよく見られる傾向で、そのために若手の教師は指導教官や管理職から学級はじめの「黄金の三日間指導」を徹底されるようです。「言葉は悪いが、要はいかに最初に子どもを支配し、担任である自分が学級のボスであるかを教え込むかだ」という話を聞いて驚くばかりです。しかし、そうしないことには子どもになめられてしまう、というのです。

たしかに、子どもは（いや大人だって同じでしょう）相手を見て態度を変えます。怖い先生だと思うと、口を閉じ、背筋をピンと伸ばします。その一方優しい先生だと思うと、おしゃべりを始め、横を向いたり後ろを見たりします。わたしの場合は、常に後者なのでよくわかります。でも、口を閉じ、背筋を伸ばしていなくても、子ども達はざわざわしながらわたしの反応を見、どんな出方をするのかうかがっているのです。そこでまずは聞いてほしいと伝え、構えず心をこめて語りかけることから始めます。どんな学級にしたいか、わたしの願いもありますが、子ども達自身の願いを大切にしたいことをわかってもらう。何よりも、教師と子ども、子ども同士が互いに力関係ではなく信頼関係を結び、みんなが安心して楽しく通える学級を共通の目標にするのです。そこからすべてを発想し、共有し、実現していくのだということを真剣に語ります。

> ぼくがおもうのは、やさしいクラスです。つじ先生はやさしかったです。学きゅうびらきがたのしかった。だからよかったです。
>
> （三年　健太）

健太くんは運動が苦手で学力も低く、すぐ泣いてしまう子です。でも、初めての日に、こう書いてくれたのです。学級開きの何が楽しかったのか（いろいろなゲームをしたことだと思いますが）伝える力が弱く、つたない表現ではありますが、その中に彼の嬉しさと期待が見えて「書いてくれてありがとうね」と応えながら受け取りました。

作文指導は、どうやって書かせるか、上手に書かせることではなく、〈すべての子に自分を表現させ、それを受け止める〉そこに尽きると思います。この初めての日の感想（「今日、心にピーンときたことは何ですか？」とたずね短くても何でもいいから書いてもらう）を毎日数名ずつ学級通信に載せ読み合うと、一〇日ほどのうちに学級にいい雰囲気が生まれてきます。

集団活動や教え合いを通して

中学年は自分たちで決めて、自分たちで進めることができる時期。今まで「まとまりが全然ない」と言われてきたけれど、価値あることに集団で取り組む機会が少なかったのではないかと思いました。レク係や実行委員を中心にクラス遊びや、お誕生会などを開催し、前向きないい関係をつくることから始めました。『みんなで決めて仲良く活動することは楽しい』と実感させ、もめたらチャンスと考えて解決の仕方をくり返し教えました。そしてそれを書く、書いたら通信に載せる、それを読み合う、という具合にセットにして続けました。〈集団で活動する楽しさ〉〈いい関係の快さ〉という宝を生み出したら書くことで意味づけさせるのです。そうすれば確実に認識され、さらに書いた本人のみならず学級全体の宝になります。

> ぼくはクイズをだしてたのしかった。おたんじょうびの人のクイズにしたから、ゆうとがよろこんでくれてうれしかった。
> （二年　健太）

相手を喜ばせることによって自分も嬉しかった健太君の体験には、他の子も何人か「ぼくもそういうことあったよ」と発言し、そういう人間関係が心地よいのだと共有していきます。

授業では、「わかりやすい」を第一に、そして第二には互いに教え合うことを大事にします。班のみんなで取り組む場面を取り入れて、協力して進めた班をおおいに認めます。すると他の班でも、真似ていきます。

> 協力できた
> 三年　大川　美佐子
>
> きのう、わり算プリントをやりました。はじめにプリントをやったら田村さんがわからなくて山田くんがおしえてあげました。つぎにまた田村さんがわからなくて山田くんがおしえてあげました。おわりにわたしがわからなかったから、その時に山田くんが
> 「大川、わからない？」
> って聞いたから、
> 「うん、わからない。」
> と言っておしえてもらいました。おしえてもらってうれしかったです。
> 楽しく、もっともっとやさしいはんにしたいです。

教えられ励まされた子はその優しさを知り、今度は自分が人を助ける子になるでしょう。そんなことを感じさせてくれる美佐子さんの作文です。美佐子さんがみんなに「教えてもらってうれしかったから、自分ももっともっとやさしいはんにしたいと思えてくるの」と教えているようです。

ここで教えた山田くん、実は学力は高いけれど自分ができれば終わりで、人のことなどかまいもしなかったのです。その彼がようやく活躍してくれたのをちゃんと美佐子さんが書いてくれたので、これは見逃すわけにはいかないとすぐ通信に載せました。なんとちょうどその時、山田くんも次のように書いていました。

算数プリント
三年　山田　洋

一班で算数プリントが協力できました。わからない人を、ちょっとおしえました。それで田村さんはわかりました。みんなで力を合わせておしえていました。おそくても、みんなわかればいいと思いました。そして、わかりました。もう、そんなにわからない人は、いなくなりました。先生も、
「きょう力してやりなさい。」
といったからです。
直したい事は、ぜったいみんなでやる事。

この子たちのようにけんかやもめ事が多い時、また子ども達が一緒に取り組んでいる時、お互いに相手のことを書く場合がよくあります。関わり合い、認め合い、成長していく、まさにそれを表現しているわけですから、そのタイミングは絶対に逃すことなくみんなに知らせ、意味づけることで宝として共有していくのです。その小さな積み重ねが、少しずつ学級を変えていく力になります。

書くことで認識を深め、自己を変革する

この中学年という時期は、今述べたような学習だけでなく遊びや運動、行事などすべての場面で、友だちとの関係が深まる時期です。

相手と意見が違ったらけんかするのではなく何とか折り合いをつけることを学んでほしい。また他者への関心がうすい場合は自分から進んで関わっていかせたい。それは相手への見方を変え、自分自身も変わっていくことにつながります。

そこで、日記に自然と発現してくるのを待つだけでなく、運動会や音楽会等の行事を生かして意図的に友だちとの関係を書き続け、認識の変革を促す、という指導を大事にしてきました。

四年の運動会では、六月から少しずつソーラン節に親しみ、九月に入ったら、「三年生に教える」という取り組みをしました。まとまりがないと言われてきた子達が実行委員を中心に「自分達四年が三年生を引っ張っていくぞ」と思うようになり、ぐんと力を伸ばしました。継続して書くことによって、そういう自分や学級学年の変化に気づかせました。

がんばったソーラン節　四年　浜野ゆう

三、四時間目に、三、四年生いっしょにソーラン節をやりました。わたしは、三年生に教えました。三年生で一人、おくれている人がいました。その上、転入生もきたので、教えるのがたいへんでした。

転入生は、一番と二番まで、おぼえられました。転入生なのに、二番まで教えてもおぼえられたので、よかったです。一人おくれてた人も転入生と同じところです。

あとの二人は、もう四番を練習しています。みんな練習しているところがちがうので、教えるのがたいへんなのです。でも、がんばって練習してるのでいいです。

早く四番までいかないかなあと、思うけど、ゆっくりちゃんと上手になるまで教えたいと思っています。

わたしは教えながら自分も上手になるようにがんばりたいし、三年生もがんばって練習してもらいたいと思います。

わたしは「がんばれ三年生」と思いました。自分でもがんばりたいと思います。

ゆうさんは、〈早く四番までいかないかなあと、思うけど〉とちょっぴり焦る気持ちもありながら、いやいやそうじゃない〈ゆっくりちゃんと上手になるまで教えたい〉そう考えました。彼女は教えることで〈自分も上手になるように〉と願い、「がんばれ三年生」と応援することで〈自分でもがんばりたい〉と思うのです。書かなかったら、自分でもここまではっきり気づかなかったであろう思いが、自分自身、そして教師や友だちみんなにも伝わります。

「高学年のスタート」も構えず、受け止めて

高学年になるといっそう「黄金の三日間指導」が強まります。でも、やっぱり構えずに本音で語りかけ、子どもからも本音を聞く、そこからしか始まりません。そこで始業式の日の思いを感想に書いてもらいます。高学年とはいえ、いや高学年だからこそ（書けない状態が積み重なって）書くことに抵抗のある子がいますので、どんなことでも受け止めると伝えます。

「りっぱな決意じゃなく、もやもやした不安やいらいら、悩みを書いていいんだよ、書くことではっきりさせられるし、それをわたしに訴えることもできる。何でも相談にのるよ。」と話します。

> 自分では、早く友だちをつくりたいです。それからサッカーでレギュラーとれるかわかんないけどとりたい。勉強はむずかしそうだからがんばります。ぼくは楽しいクラスがいいです。前はあんまりクラスがまとまってなかったからつまんなかったしやだったからです。
>
> （五年　亮）

> クラスがえで、りえとまなみとさやかとわかれちゃったから、がーん！　と思いました。春休みから一番心配してぜったい同じクラスになりたかったのにもう気持ちはまーっくらです。それにずっと一組だったからこんどは一組いがいがいいと思ったのにまた一組だったのもがっかりです。でも、学級開きはたのしかったので、いいかんじです。辻先生、これから一年間よろしくおねがいします。
>
> （五年　若奈）

このように「新しい友だちができるかとても不安」「仲のいい友だちとクラスが分かれてしまいがっかり」など友だちに関わる悩みがたくさんありました。また、先生はどうか、部活、学習はどうかなどさまざまな不安と少しの期待を抱きながらのスタートです。

書くことは日常を意味づけること

高学年で不可欠なのは、書くことでものごとの意味を考えることです。

テストのために課題を与えられ、限られた文字数で決められた時間内に書く、そんなことばかりしていたら子どもの表現意欲は枯渇してしまいます。そんな技術に終始することなく、きちんと日常を意味づける作文指導をするべきです。

「自分の周りを見回すと、人やもの、あるいは出来事がいろいろあるけれど、それぞれが何か自分とつながる、そう思ってみてごらん。」と話します。これは授業開きの詩の授業（吉野弘「素直な疑問符」や、鈴木敏史「手紙」）からの発展です。

みんな生きている

（五年　香織）

私は、家にすみついたのらねこが一生けん命自分の力で生きていることが、私へのメッセージみたいに思います。そのねこは一年くらい前からいました。前は首わをつけててそこにすずもつけていました。なので名前はすずにしました。他のねことケンカしてくることがあって足から血が出ている時もありました。でも私みたいに弱虫じゃないのでほとんど勝っています。（中略）すずは帰ってこないことがあります。その時は食べ物をさがしています。（中略）自分の力で生きているということはすごいなあと思いました。やっぱりのらねこはすごいです。

香織さんはただのらねこが逞しいと思うだけでなく、「自分の力で生きているということは本当にすごいことだ」と思っています。そしてそれを自分へのメッセージみたいだと書いています。気が弱くて声も小さく、勉強にも運動にも自信が持てない香織さん。自分自身とつなげてみるとすずの一生懸命生きる姿が自分への何らかのメッセージのように思えたのです。

通信に載せると、子ども達は、彼女の意味づけ方を大いに認め、「そんなふうに感じる香織さんはただすずに同情しているわけじゃない」「ちゃんとすずの生き方を理解している」「自分へのメッセージだと思うのがすごくいい」と言いました。メッセージは、すずが発信するのではなく、それをきっかけに香織さんの意味づけによって生まれるものととらえたのです。

香織さん自身も五年生になったことを機に、自分から話し、活動に参加する場面がふえてきました。すずから受け取ったメッセージを「一生懸命話す」力にしていったのかもしれません。

一年生　（六年　直史）

一年生が来た。ぼくは、一番にこう思いました。それは、一年生の時、ぼくは六年生を見て、すごくかっこいいと思った。いつかぼくもああいうふうになりたいと思った。ぼくは六年生になって、あの時の六年生みたいになれただろうか。いつもぼく達の教室をきれいにしてくれたり、ぼく達をやさしくリードしてくれた六年生になれただろうか、そう思った。

今、ぼくは六年生になった。そして今までわからなかった六年生の大変さがすごくわかった。そうしたら、ぼくは、なれなくてもいい、ただ一生けん命がんばろう。なれなくてもがんばったんだから、そう思いたい。

直史君は一年生の入学に対して、自分が一年生の時、六年生のすばらしさに憧れたことを思い出し、一年生にとって六年生の存在がどういうものか意味づけています。そして自分が今そうなれただろうかと自問しています。しかし、六年生の大変さを分かった今、すばらしい六年生になれているかどうかより、〈ただ一生けん命がんばろう〉と考えています。もし、日記に書かなかったら、これほど深く考えるまでもなく、すっと通り過ぎてしまうようなことです。けれども書くことによって、自己を認識し、さらに主体的に行動しようとしているのです。

作文を書くことは、日常の中でその意味を問い、自己や世界を認識することです。そして自己を変革しようとする営みでもあるのです。

気がついた　（五年　美咲）

私は、ブラスバンドに途中から入った。だから「できなくてもいい」という気持ちがあった。それで『ブラジル』も少しできなくてもいいという考えだった。でもN先生の「自分の音に責任を持ちなさい」という言葉で、気がついた。私の後にも新人が入ってきたし、みんなと少ししかちがわないんだから、みんなと同じだということがわかった。いつまでも新人でいたらいけない。自分の中できちんと区切りをつけなくちゃいけない。後から入った人の方ができてあせったこともあった。他にもできない曲はあったけど、時間をかけて練習したらできるようになった。だから『ブラジル』もゆっくりやっていけば、いつかはできるようになると思っていた。でも、金曜の午後練で、練習しなきゃできない、ということを改めて感じた。私はいつも「努力」とか言ってるけど、本当は努力してないんじゃないかと思った。時間がたてばできるようになるという考えは、努力してないしょうこだ。それにこういう考えの私が、いろいろ演奏しているけど、役に立っているのだろうかと思うようになった。

　ホルンは、先ぱいも入れて四人いる。今回の曲は、ホルンの中で一、二、三、四になっているから、一人一つのところをやる。だから先ぱいにたよってばかりじゃいけない。

(し)今までは、先ぱいにたよってたけど、今回の曲ではそういうわけにはいかない。だから、一人でもしっかり演奏できるようにがんばりたい。

（(し)は「しめくくり」の意味）

美咲さんは〈ブラスバンドに途中から入ったからできなくてもいい〉とか〈時間がたてばできるようになる〉とか、のんびりかまえていたことに気づき、これではいけないと考えました。きっかけはN先生の「自分の音に責任を持ちなさい」という言葉です。しかし、どんな助言もただ漠然と聞いていたらそれっきりで終わってしまうでしょう。彼女のように日記に書きながらじっくり考え、自分なりに意味づけていくと大きな変革の力になります。

自己と向き合い、困難を乗り越える

夏美さんは、明るく陽気で、友だちといつもわいわい騒いでいる五年生の女の子。勉強にはあまり興味関心がなく、学力はやや低いのですがあまり気にしません。日記もはじめは申しわけ程度に書いてきただけでしたが、次第に楽しくなったのかいろいろ書いてくるようになりました。そんな彼女が悩みを書き出したのは二学期の後半です。

（一一月三〇日）ヒミツ
美奈子ちゃんがきゅうにこわくなりました。なんかきのうは、若奈ちゃんに「若奈ちゃんは理沙ちゃんにたのんでいいかもしれないけど、わたしはちがうから、もうぜっこうきる。」とかいってたのに、今日になってわたしが若奈ちゃんといると、若奈ちゃんをよんで、どこかにつれていくし、わたしが郁ちゃんといると、郁ちゃんをよんでどこかにつれていくし、今日の昼休みも三人でわたしのこと仲間はずれにしている。わたしは遊ぶ人なくしてるし、すごくむかつく。
いじめなくてもよいとおもう。なによ、きのうはべそべそ泣いてたくせにと思っています。わたしはなにをすればいいのでしょう。
（夏美）

この文章では何が何だかわからないので、彼女をよんで詳しい事情を聞きました。どうやら学級の中のもつれた友人関係のようです。これをきっかけに、彼女は友人関係のいらいらや不安、悲しみなどさまざまな思いを書き始め、わたしはその悩みを日記を通して共有するようになります。もちろん全部極秘です。

（一二月二日）うれしかったのになんで？
今日、マラソン大会がありました。わたしたちは一、二時間目、一・九㎞でした。わたしは八位でした。すごくうれしくて、うそだとしんじられませんでした。で、教室にかえる時、美奈子ちゃんといっしょに行こうとしたら、「ちょっとまって。」といって、どっかへ行ってしまった。なので智ちゃんといっしょにもどった。前「マラソン大会、いっしょにはしろー」と言われてたので、お母さんにおこられるよと思って、わかんないと言った。なぜか大会の時、一人でキレてたのでむしした。話しかけられたので、へんじをした。なぜキレたのかわからない。なんでなのでしょうか。だからかなしかった。
（夏美）

マラソン大会当日、好成績でうれしかったのに、些細なことでいがみ合い、悲しい思いに沈む夏美さん。

互いに束縛し、過剰に気遣い合うから、傷つき傷つけてしまうのでしょう。ここではまだ彼女の目は自己の内面に向かっていません。けれどもこうして書くことで、やり場のない気持ちを発散させているのです。

そこで、まずは夏美さんが友だちとつるんで適当に走るのではなく、がんばったことを認め、賞賛しました。その上で、〈夏美ちゃんと美奈子ちゃんは、言いたいことがまだ言えないのかな。本当に仲良くなれたら思ったことが言い合えるよね。「キレる」のは、心の中を言えないからだと思いますよ。〉と書きました。「共感を示すこと」が第一ですが、「自己を見つめ、相手の身になって考えるきっかけを少しずつ作ること」が必要だと考えました。

いじめはこわいよ

「あなたはいじめられたり、いじわるされたり、いじめたりしたことはありますか。」

私は以前そんなできごとがありました。

それは、四年生の時に、いじわるをされたことです。私もいじわるをしてしまいました。いじわるをしていた子が引っこしする時、うれしいような、悲しいような気持ちでした。やっぱり、いっぱいけんかをしたから、つまらない…と思います。

五年生になって、たまに仲間はずれか無視をされます。なにもしてないのに、なにがいけないのか、わからない。それに、わたしを自分のストレスをほぐすために使っていそう。（後略）　（夏美）

これは、日記ではなく、学級文集第二号（一二月号）に載せた夏美さんの文集の書き出しです。「今みんなに一番伝えたいことを書く」ということで各自がそれぞれ題材を選んで取り組んだのですが、彼女がここまで秘密にしていた自分の受けたいじめについて書き、それを載せると知って驚きました。ここで思い切って「いじめはいやだ」とみんなに訴えたのです。（この作文は学級で解決に向けて取り組むきっかけになりました。）この後もじぐざぐしながら書くことで彼女は自己と向き合い、困難を乗り越えていきました。

連載

文学教育における教育方法の研究①

民間国語教育研究団体の比較を通して

～児童言語研究会

村尾　聡
（兵庫文芸研）

はじめに

わたしは神戸市の小学校に勤務する小学校教員です。今から約二〇年前に文芸教育研究協議会の研究会に参加して以来文芸研の会員となり、西郷文芸学による国語教育について実践・研究を続けてきました。そして、文芸研に出会って一〇年が過ぎようとしていた二〇〇九年、文学教育を集中的に研究してみたいと思い、兵庫県の長期研修制度を利用して母校の龍谷大学大学院に入学しました。長期研修制度は三年間で終了しましたが、その後、現場復帰してからも、小学校に勤務するかたわら大学院に籍を置き、西郷文芸学を中心に文学教育全般について研究を続けてきました。

文学教育の方法は実に多様です。民間国語教育研究団体だけでも文芸研をはじめ日本文学協会国語教育部会、日本文学教育連盟、教育科学研究会国語部会、児童言語研究会、ＴＯＳＳ（Teachers' Organization of Skill Sharing）国語、科学的「読み」の授業研究会と七つの研究団体があります。最近では日本授業ＵＤ学会のユニバーサルデザインによる文学教育の方法も提案されています。

先にあげた民間国語教育研究団体は、それぞれの団体が独自の国語教育観を持ち、様々な方法論を主張してきました。そして、時にはその教育観や方法論をめぐって対立が見られる歴史が繰り返されてきました。このような状況の中において、それぞれの団体の文学教育観や方法論を明らかにし、比較・検討することによって「文学教育とは何かを考えてみたい」ということがこの連載のテーマです。

取り上げる団体は、児童言語研究会（以下「児言研」と略）、教育科学研究会国語部会（以下「教科研」と略）、文芸教育研究協議会（以下「文芸研」と略）、科学的「読み」の授業研究会（以下「読み研」と略）の四団体を取り上げたいと思います。

この四団体を取り上げる理由は、これらの団体は、現在も精力的に実践・研究を続けている団体であり、また自らの団体の文学教育に関する出版物（授業記録を含む）も多く比較がしやすいからです。今回は児言研、次回からは教科研、文芸研、読み研と順に取り上げて行きたいと思います。

1. 解釈の多様性―ロラン・バルト

各団体の文学教育の比較に入る前に、そもそも文学とは何か、文学教育とは何かということについて考えてみたいと思います。

文学は読者によって多様な解釈を許容する所にその独自性があり、このことから文学教育において、読者である子ども達の多様な読み（解釈）を許容する立場と、ある客観的な「主題」を子ども達に学ばせていこうとする立場とに分かれます。

文学の読みには多様性があり、いずれの解釈も認められるべきであるという考え方が、どこからきているのかを考える時、フランスの批評家・思想家であるロラン・バルト（Roland Barthes 一九一五～一九八〇）に行き着きます。バルトは「作者の死」の中で「エクリチュール（注1）はたえず意味を提出するが、それは常にその意味を蒸発させるためである」と述べ、「作品からテクストへ」の中でも「『テクスト』は複数的である。ということは、単に『テクスト』がいくつもの意味をもつということではなく、意味の複数性そのものを実現するということである。それは還元不可能な複数性である（ただ単に容認可能な複数性ではない）。『テクスト』は意味の共存ではない。それは通過であり、横断である」（ロラン・バルト二〇〇八）と述べています。

バルトは、読者の数だけ、また「作品」が読まれるごとに「テクスト」＝意味が生まれ、そして消えていくというのです。だからこそ、バルトは「作者の死」と言っているのであり、読者の中に生まれた「テクスト」は「作品」には「還元」できず、作品が読まれるその時々に「テクスト」が現象し、元の「作品」には二度と戻れないと考えたのです。とてもまわりくどく、わかりにくい表現ですが、文学の解釈は個人的で多様なものであり、それは他の読者と共有することはできないというのです。ここまで極端には考えなくても、人それぞれに解釈があるとする考え方は、国語教育界には根強い考え方です。

2. 構成主義と客観主義

読者による多様な解釈を認める立場は、一歩まちがえば「読みの放任」になり、「どのように読んでもいい」という授業になりかねません。現場の教師なら解釈が「容認可能な複数性」ではないなどと言われると、つい反発したくもなります。やはり、文学教育では、学級に共通の解釈を見い出したいものです。このような読みの二つの立場を教育学では「構成主義」「客観主義」と呼びます。

久保田賢一は、「教育をめぐる社会やテクノロジーの状況が変化しているにもかかわらず、これまでの教育理論はスキナーに代表される行動主義心理学の知見をもとに構築されたものが主流」であり、「教師による教育内容、方法の構造化に重点が置かれ、学習の内容も『刺激と反応』を組み合わせ、事前に教授内容が細分化され、提示される一方的な教授方法が使われていた」としています。このような従来の方法は多様なニーズや特徴を持つ学習者に対応できないと言う批判から「認知的徒弟学習（Collins 一九八九）、共同学習（Bayer 一九九〇）、自己内省学習（Schon, 一九八七）、認知的柔軟性（Cognitive flexibility theory, Spiro 一九九一）」などの教育理論が提出されました。共同学習をはじめとする教育理論は一般に「構成主義の理論」と呼ばれ、行動主義心理学や認知心理学をもとにした教育理論を「客観主義の理論」と呼びます。

客観主義の理論は「教授に重点が置かれ、事前に教師によって生徒のレベルにあった目標が決められ、教授内容を分析、構造化し、教師から生徒への知識・技能の伝達を効率的に行う」ことに関心が払われます。一方、構成主義の理論は「学習に重点が置かれ、学習者をとりまく社会的な状況、実際の日常生活に関連する意欲、他者との相互作用などの実体験を通して学習することに関心が払われ」「与えられた知識を吸収することよりも、学習者自らが問題を見つけ、解決方法を探ること」に重点が置かれます。（久保田二〇〇四）。

久保田の考え方によれば、読者である子ども達の多様な読み（解釈）を許容する立場は「構成主義的な文学教育」または「構成主義的な読み」と考えられます。反対にある客観的な「主題」を子ども達に学ばせていこうとする立場は、「客観主義的な文学教育」、「客観主義的な読み」ということになります。

各国語教育研究団体の比較にあたっては、教育観や方法論を比較するだけではなく、「構成主義的な文学教育」なのか、「客観主義的な文学教育」なのかという観点も取り入れたいと思います。

3．児童言語研究会

今回検討する児言研は一九五一年に設立され、国語教育における方法論は「一読総合法」と呼ばれています。児言研は国語教育の本質を「日本の子どもたちにとって、日本語の知識と能力こそ、その全面発達を支え・うながす基本的な要素をなすものである」と考え、国語科は、この知識・能力の高めに中心的責任をおうべき教科である」と主張しています（児言研二〇〇六）。

児言研はパブロフ（Pavlov 一八四九～一九三六）の「第二信号系理論」から、ことばの本質を「言語は話したり、書いたりする行為を媒介とする通達だけの機能にとどまらず、人間の認識・思考を成立させる、きわめて重要な道具である」と考えています。そして、人間の認識・思考は、「内言（頭の中での思考と結びついたことば）」と「外言（それを表現として外に出すこと）」そして、外内言（その外言を頭にもどして考えを進め、さらに、話をしたり、文章を書いたりすること）」と深く結びついていると分析しています。この「内言」理論は、ヴィゴツキー（Vrgotskii. 一八九六～一九三四）によるものであり、この理論をふまえながら大久保忠利は「外内言理論」を考え出しました。このような「内言・外言」理論から、「ひとり読み（内言）」、「話し合い（外言、外内言）」を中心とする「一読総合法」という方法論を導き出すのです（児言研二〇〇六）。

4. 児言研方式の授業（一読総合法）

次に、児言研方式の授業（小学校五年生）を考察したいと思います（藤原二〇一七）。この実践記録は、二〇一七年九月に発表されたものであり、最近のものです。教材は『大造じいさんとガン』（椋鳩十作）です。大造じいさんが飼い慣らした「おとりのガン」を使って、残雪をしとめようとしていたところに、ハヤブサがおとりのガンに襲いかかる場面です。（Tは教師の発問、M、H等は子どもの発言、番号は文の番号、Tの番号、本時の感想の番号は筆者による）。

（本時の「めあて」は「鳥たちの戦いと大造じいさんの気持ち」と記録されています。）

T1：話したいことは

C：残雪。おじいさんのガン。大造じいさん。ハヤブサ。

T2：話し合って行きましょう。

（残雪、おとりに使ったガン、ハヤブサ、大造じいさん、戦いの様子について発言させ、板書で整理していく。）

M：ガンは方向を変えました。のところで、大造じいさんの気持ちで、逃げろ私のガン。

H：飼い主のよび声を、のところで、大造じいさんのガンのことで逃げながらも口笛を聞きとっているなんてすごいな。

Y：こんな命がけの場合でも飼い主のよび声を、のところで、大造じいさんのガンの気持ちで、早く戻らないと。

R：ハヤブサはその一羽を、のところで、思ったことで、さすが肉食だけあってすごいな。

TO：同じところで、ハヤブサの気持ちで、あいつを捕まえよう。

S：同じところで、おじいさんのガンの気持ちで、助けて～。

K：ガンの体がななめに傾きました。のところで、大造じいさんの気持ちで、あきらめるな。
S：54番のところで、やばい、蹴るな！　おなかポンポンだから吐く！
T3：（笑）何が？……
C：大造じいさんのガン
C：えさを食べ過ぎたから。大造じいさんに飼われていて、運動不足。など
T4：蹴る？　誰が？
C：ハヤブサ。爪のある足で。バーンって（口々に）
T5：それで、大造じいさんのガンは？
C：吐く！
T6：（笑）のではなくて、
KO：ななめに体が傾いた。
TI：同じところで、ハヤブサは力が強いのかな？
V：スピードがある。
TA：爪があるから痛い。
KO：パーンと一蹴りしたら、ガンの体が斜めになった。
T7：ハヤブサとガンでは、ガンの方が体が大きいのにね……
C：すごい
（中略）

Ｔ８：残雪はハヤブサが大造じいさんのガンを攻撃している間に入ったんだね。さすがガンのリーダーだね。ハヤブサと残雪の戦いについてどうですか。
Ｔ（ママ）：60番のいきなり敵にのところで、残雪の気持ちでやめろ。
Ｓ：61番の残雪のむなもとに飛びこみました。のところで、残雪の気持ちで、いてて。
Ｖ：ハヤブサもさるものです。のところで、てごわいな。
Ｓ：あの大きな羽で、力いっぱい相手をなぐりつけました。のところで、ハヤブサの気持ちで、いてて。
Ｆ：67番の羽が白い花弁のように、のところで、残雪の交じり毛？
Ｒ：同じ所で、羽が飛び散るって、そうとう激しい戦いなんだな。
Ｔ９：残雪の羽が飛び散っているんだ。
Ｃ：ハヤブサもだよ。「ぱっ」が二回あるから。など。
Ｔ10：どんなふうに戦ったの？
Ｃ：羽でなぐった。こ〜んなふうに。（口々に）
Ｔ11：羽で。残雪がね。ハヤブサは？
Ｃ：タックルしたんだよ。ぼ〜んって。（口々に）
Ｔ12：むなもとに飛びこむって、そういうことなんだね。だから、ハヤブサも残雪も羽が飛び散ったんだ。激しいね。
ＫＯ：64番のところで、残雪はたぶんけがをしていると思います。

C：死んじゃうかも。仲間のガンが大勢来るんじゃない？　助かるよ。などなど

（本時の感想）
①大造じいさんは、残雪のことを撃とうとしたけど、自分のガンを助けてくれたから撃てなかったんだな。
②ガンがやられているところに残雪が助けに来るなんて思ってもみませんでした。
③ハヤブサと残雪、どっちが勝つのか楽しみになりました。
④大造じいさんのガンを助けた残雪はすごいなと思いました。
⑤途中で大造じいさんのガンを助けに来たのが、驚いた。

（学習のまとめ・小見出し）
○残雪とハヤブサ
○激しい戦い
○勝て！　残雪
○やっぱりリーダー残雪

児言研方式の授業は「ひとり読み」において「わかったこと」「わからないこと（疑問）」「読み手の思ったこと」「登場人物の気もち」「様子」「前と関係づけて」「予想」という着眼点で「書

き込み」をさせ、その「書き込み」をもとにして「話し合い」をさせます。さらに、「ひとり読みの窓口を広げる」ために「人物の気持ちや心理に寄り添い、共感したり或いは人物の行動等を批判的に価値付けたりする」ために、「○○になって」考える・「『吹き出し』を書かせる」（同化）「○○に言ってあげたいこと」（異化）という読みの方法も提示しています（大場二〇一二）。

授業記録では、まずT1で話し合いたい人物や事物について確認し、その後子どもたちは自分の「書き込み」をもとにして、「わかったこと」「わからないこと」「思ったこと」「人物の気持ち」「様子」などを自由に発表しています。

T2の後のM「大造じいさんの気持ちで、逃げろ私のがん」やK「ガンの体がななめに傾きました。のところで、大造じいさんの気持ちで、あきらめるな」等の発言は、「登場人物（大造じいさん）の気持ち」を考えたものであり、大造じいさんになって考える「同化」という方法を使っての読みといえます。

そして同じくT2の後の、H「大造じいさんのガンのことで逃げながらも口笛を聞きとっているなんてすごいな」やR「ハヤブサはその一羽を、のところで、思ったことで、さすが肉食だけあってすごいな」、T6の後のTI「ハヤブサは力が強いのかな」、T8の後のR「羽が飛び散るって、そうとう激しい戦いなんだな」等の発言は「読み手の思ったこと」という「書き込み」を使っての読みといえます。

本時の感想も①の感想は「同化」、②③④⑤の感想は「読み手の思ったこと」という読み方を通しての感想といえます。④は「○○に言ってあげたいこと」（異化）を使っての読みとも考えられます。

　この「同化」「異化」という読みの方法は、次回以後に検討する文芸研の「同化体験」「異化体験」と共通する方法と考えられます。西郷文芸学(注2)では「人物の気持ちになって読む、人物の目と心によりそって読む文芸体験を《同化体験》」と言い「人物を対象化して読者の目と心で読む読み方を《異化体験》」と定義し、文学体験をこの「同化体験」と「異化体験」が相関的におこるもの(共体験)と考えています(西郷二〇〇五)。この考え方は先に述べました児言研の「人物の気持ちや心理に寄り添い、共感したり或いは人物の行動等を批判的に価値付けたりする」ために、「〇〇になって」考える・「『吹き出し』を書かせる」(同化)「〇〇に言ってあげたいこと」(異化)という読みの方法と共通します。

　文芸研の「同化・異化」という方法は、西郷文芸学によれば、「語り手」が、どの人物のがわから・どの人物によりそって・どの人物にかさなって語っているかという「視点論」から導き出される方法です。しかし、T2の後のY「大造じいさんのガンの気持ちで、早く戻らないと」やTO「ハヤブサの気持ちで、あいつを捕まえよう」、S「同じところで、おじいさんのガンの気持ちで、助けて〜」、S「54番のところで、やばい、蹴るな! おなかポンポンだから吐く!」、T8の後のT(ママ)「残雪の気持ちでやめろ」、S「残雪の気持ちで、いてて」、V「ハヤブサもさるものです。のところで、てごわいな」、同じく、Sの「あの大きな羽で、力いっぱい相手をなぐりつけました。のところで、ハヤブサの気持ちで、いてて」等の発言は「対象人物」である大造じいさんのおとりのガンやハヤブサの気持ちを考えた発言であり、児言研は「視点をふまえた読み」を採用していないことがわかります。

西郷文芸学の視点論から考えると、この場面において「語り手」は、大造じいさんによりそい・かさなって語っています。つまり「視点人物（見ている方）」は、大造じいさんであり、「残雪」「おとりのガン（大造じいさんのガン）」「ハヤブサ」は「対象人物・事物（見られている方）」ということになります。つまり、対象人物・事物の気持ちは推測の域を出ず、決め手がないことになるからです。

児言研における読みの方法論は他に「前の文、前の場面、人物同士、或いは友達の読みなどと相互に関係付けて読む」（話し合いでの関係づけ）、「立ち止まりの小見出し付け（場面のひとりまとめ）」等があります。この授業では、子どもたちは「残雪とハヤブサ」「激しい戦い」「残雪VSハヤブサ」「勝て！　残雪」「やっぱりリーダー残雪」と小見出しをつけていました。

さらに、読みのイメージをよりくわしく具体化・具象化するための手だてとして、「頭のテレビ」という方法も提示しています。これは「文章の部分あるいは場面から、自分なりに表現してイメージしたことを視覚や聴覚等の五感に働きかけ、その場で目撃しているがごとく想像し、自由に自己表出」させることです（大場二〇一二）。

授業記録では、T4の後のC「ハヤブサ。爪のある足で。バーンって」、T6の後のTI「ハヤブサは力が強いのかな?」V「スピードがある」TA「爪があるから痛い」、T8以後の残雪とハヤブサをめぐる発言は、残雪とハヤブサの戦いをくわしくイメージ化した発言であり、イメージを具体化・具象化した発言といえます。この方法は次回に検討する教科研方式の授業と共通する方法です。

5．児言研方式の授業（まとめ）

児言研方式の授業記録をもとにして、その方法論を詳しくみてきましたが、ここで一応のまとめをしてみたいと思います。

児言研方式の授業は、「内言・外言」理論によって「書き込み」「話し合い」等を中心にした「読みの方法化」を進めているといえます。「書き込み」による方法論のうち、「前の文、前の場面と関係づけて読む」ことは、冒頭から区切られた場面を分析し、総合しながら読むという「一読総合」という理論によるものと考えられます。また、「書き込み」における「わかったこと」「わからないこと（疑問）」「読み手の思ったこと」「予想」等は、文学の読みが作品と読者の対話であるという考え方が反映した方法と考えられ、また「書き込み」における「様子」、「頭のテレビ」はイメージを具体化・具象化するための手だてと考えられます。

しかし、前述したように「同化・異化」における方法は、「視点をふまえた読み」という方法論は採用してはいません。また「人物同士を相互に関係付けて読む」、「小見出し付け」等の読みの方法になぜ、そのような方法を採用するのかという根拠は、私が調べた限り示されてはいません。一方、子どもたちの読みを「書き込み」、「話し合い」によって構成主義的に組織していこうとしており、その授業においては作品の多様な解釈が認められ、子どもたちが主体的に学ぶことのできる可能性があるといえます。

（注）

（1）ecriture（フランス語）書くこと、書かれたもの。

（2）文芸研方式の授業は会の設立者である西郷竹彦が打ち立てた「西郷文芸学」という理論によって行われています。西郷文芸学は文学作品を分析・解釈する理論であると同時に、文学教育論でもある。詳しくは文芸研検討の稿で詳述します。

【引用文献】

大場博章『話し合いで創る文学の授業の可能性―読みの共同化が学ぶ喜びを生み出し、読みの力を育てる』一光社、二〇一二年

久保田賢一『構成主義パラダイムと学習環境デザイン』関西大学出版部、二〇〇四年

西郷竹彦監修、文芸教育研究協議会著『新国語教育事典』明治図書、二〇〇五年

児童言語研究会『今から始める一読総合法』一光社、二〇〇六年

藤原真理亜「一読総合法を取り入れた国語の学習」日本民間教育研究団体連絡会編集・発行『民教連ニュース』二〇一七年九月号

ロラン・バルト『物語の構造分析』花輪光訳、みすず書房、二〇〇八年

連載・二元論批判③

自由のための論理学

〜二元論をふまえ、二元論をこえる〜

西郷甲矢人
（長浜バイオ大学）

いよいよ最終回

いよいよ最終回となりました。二回にわたって、二元論批判と銘打って、一見二元論の権化のような数学を入口に、「定理の正しさ」「海の青さ」「ことばの意味」等、一切のものごとに関して「あるのか、ないのか」という問いを吟味して、「○○によってある／ない」という「縁起」の論理について学んできました。

ブッダはその「縁起」の論理を駆使して、「四聖諦」を説き、苦の滅に至る「八正道」を示しました。その八正道の第一は「正見」と呼ばれ、文字通り「正しく見る」という実践方法でした。しかし、いったい「正しく見る」とはどういうことなのか。その弟子のカッチャーヤナの問いに対し、ブッダはなんと答えるのでしょうか？　……というところで、「次回をお楽しみに」となっていたのでした。

ブッダ、カッチャーヤナの問いに答える

カッチャーヤナの単刀直入な問いに、ブッダは次のように答えるのです。

〈カッチャーヤナよ、実に、この世間の多くは、「有ること」と「無いこと」の二つに依存している。〉

〈カッチャーヤナよ、世間の集起を、あるがままに、正しい智慧によって見るものには、世間において「無いこと」というのはない。カッチャーナよ、世間の滅を、あるがままに、正しい智慧によって見るものには、世間において「有ること」というのはない。〉

（『サンユッタ・ニカーヤ』12—15、石飛道子訳）

ここに出てくる「世間の集起」とは、要するに苦がさまざまな原因が集まることによって起こることを意味し、「世間の滅」というのはそれらの原因が滅することによって苦が滅することを言います。他の単語は、一見難しいものはないようにも見えます。しかし一方で、この問答はきわめて高度で深く、また言葉の表層にとらわれたとたんに意味不明のものにもなりえます。

とはいえ、すでに二回にわたって、縁起の論理学の「基礎練習」を積み重ねてきた皆さんであれば、このブッダをまっすぐに受け止めることができるはずです。ゆっくりゆっくり、読み解いてみましょう。

ブッダの答えを読み解く：出発点としての「苦諦」

ブッダのこの答えを読み解く出発点は、四聖諦の第一が「苦諦」であったことを思い出すことです。〈これ〉は苦である―これが仏教の出発点でした。〈苦がある〉ことを見るからこそ、その解決の道が開かれるのでした。どんなに目を閉ざそうとしても、生きていくことそのものが苦なのです。

例えば、あれほど余裕があったはずの締め切り。なぜ七転八倒しながらこんな文章を書いているのか。でも仕事を受けたのが私なのですからこれは仕方のないことですね。もう少しまじめな例をあげましょう。

苦諦：〈これ〉は苦である

よく言われることですが、特に女性は子どもを持とうと持つまいと責め立てられる。早く持てば早すぎるといわれる。遅いと遅すぎるといわれる。中間ぐらいだと「仕事もあるのに無責任だ」などと言われる。子どもがいなければいないで苦しむ。いればいたで、それは喜びも限りないけれども、元気でちゃんと生きていってくれるのかという未来への不安も生まれる。仕事に目を転ずれば、これはこれで、うまくいくなんてことはまずありえない。ようやく教師の仕事にも慣れたかなと思った矢先、朝目覚めて指が動かない、声が出ないなんてことが起きたりもする。いや、幸いに「無病息災」といったところで、老いは日々迫りくるし、これまで何気なくできていたこともできなくなる。そしてもちろん、どうあがいても人は必ず、死ぬわけです。

悲観論?

しかし、ここで決定的に重要なことは、なにも別に悲観的になることが目的でこんなことを確認しようとしているわけではない、ということです。むしろ、こうした現実、日々刻々と苦が生じているということから本能的に目をそらしてしまう「からこそ」、この苦の解決にいたらないというべきです。〈これ〉は苦である、という真理(苦諦)にもとづいて、苦には原因がある、という真理(集諦)が照らし出される。そして原因とは、それがなくなると結果がなくなるもののことだったわけですから、つまりそれは、苦の滅が可能であるという真理(滅諦)を意味する。そして素晴らしいことに、その滅に至る具体的な方法(八正道)が存在する(道諦)。

苦は「有る」のか、「無い」のか

ここで大変大切な、そして面白いことに気づきます。苦が「有る」ということ、苦が現に生じている、ということから、苦の滅が出てくる、つまり苦が「無い」に至る、という構造です。「有る」と「無い」とは、あらゆる二元論の親玉みたいなもので、まさに相いれないものとして考えがちです。しかし、このように見ていきますと、「有る」とは言っても、なにか確固たる、不動の、不変な、いわゆる「実体」として「有る」ということではないのだ、と気づくのです。

するとそれは単なる思い込みですか?というともちろんそうではない。気のせいだ気のせいだと思っても締め切りは迫るし、老いも病も死も必ずくるわけです。けっして「無い」などと言っていられないのです。実体として「有る」という極端とちょうど対になるように、現実から逃避するまた別の極端もまた、正しい道ではありません。現に、苦は生じているのですから。

「無いこと」はない、「有ること」はない

つまり、かいつまんで言えば、こうなります…「無いこと」はない、「有ること」はない。このブッダのことばは、決して理屈をもてあそんでいるわけではありません。むしろ、まことに切実な響きをもって迫ってくることばではないでしょうか。苦が「無いこと」はない。しかし、いや、むしろ「だからこそ」、苦が「有ること」もまた、ない。もちろん、前回にも十分注意しておきましたように、ことばに「固有の意味がある」わけではないのですから、「有る」とか「無い」とかいう言葉にも固有の意味はない。「空」である。むしろ固有の意味がないからこそ、このブッダの言葉は、「ことばには固有の意味がある」という妄想を抱いている人にとってはまさしく「意味不明」の言葉である一方、現に「〈これ〉は苦である」と確かに見る人、それを解決したいという強い思いを持つ人にとっては、じつに、見事に説かれたと言葉として響いてくるわけです。

炎が吹き消されたように

もちろんのことながら、「ことばに固有の意味はない」という、この「ない」すらも「固有の意味はない」わけですから、そのことをわきまえたうえで、必要ならば便宜上「有る」ともいい、また「無い」とも言ってよいわけです（こうした便宜上の工夫を「方便」といいます）。わたしたちは言葉のゲームをしたいのでもなければ、論争に勝利したいのでもなく、ひたすらに「自由のための論理学」を追求するのでありますから、もしもそれにこだわることが自由にとって弊害となるのであれば、なんらの躊躇もなく「自らの論理学」すらも捨て去ればよいのです。ちょうど、川を渡るのにイカダが必要だといっても、岸に上がってまでそれに執着して背負って歩く必要がないのと同じです。縁起の論理学自体が、「苦」に「よって起こる」のですから、苦が滅するならばそれ自身もきれいさっぱり滅してしまう。あたかも炎が吹き消されたように。

ブッダの答え、その続き

さて、以上の準備のうえで、先のブッダの答えの続きを読んでみましょう。

〈生じてきているその苦しみを「生じている」と、滅してきているその苦しみを「滅している」と、疑うことなく、ためらうことなく、他を縁とせずに、ただ、この知識だけが、ここにある。カッチャー（ヤ）ナよ、この限りで、正しい見解がある。

「一切がある」というこれは、カッチャーヤナよ、一つの極端である。

「一切は無い」というこれは、第二の極端である。カッチャーヤナよ、これら二つの極端に近づくことなく、如来は、中（道）によって法を説く。〉

（『サンユッタ・ニカーヤ』12―15、石飛道子訳）

「有無二辺の中道」と呼ばれるこの教説には、三回にわたって私たちが議論してきたことがらのすべてが凝縮されているといえるでしょう。

苦を「あるがままに」見たならば

しかし、私たちにとって、これは話の終わりではありません。むしろ、ここからすべてが始まるのです。

〈「無いこと」はない〉〈「有ること」はない〉と「あるがままに」見るとき、すべての苦が、まさしく解決しうるものとして輝きだしてくるのです。

もちろん、たとえば死を避けることはできません。しかし、死を避けることはできない、と、もしもそれを「あるがままに」見たならば何が起こるでしょうか。

たとえばそれは、どんなにあがいても、永遠に財産を持ち続けることなどできないと知ることにつながり、財産に関する不安は吹き消されてしまうでしょう。また、わずかばかりの「わが身の安全」（それすらもおそらく妄想ですが）のために、他の国の人々を一瞬にして蒸発させたり、一生責めさいなんだりするような兵器を持とうなどという考えは根底から消え去るでしょう。

「自由」が確かに開かれる

考えてみれば、こうした戦争や核の問題にしても、「どんなにあがいても、死を避けることはできない」という真理を「あるがままに」見ないから、私たちを不幸せにする屁理屈が際限なく増大するのです。「理想はさておき、核武装は安全のために不可欠だ」といったような。

しかし「核を保有して」、いいかえれば「互いに虐殺することを保証しあって」生きるその生とは、どんなものでしょう。それこそ、単に「避けがたい死」などというものが比べ物にならないほどの苦ではないでしょうか。いったいこれほどまでの「不自由」がどこにあるのでしょうか。なぜ戦争や核を正当化する屁理屈がはびこるのか。そしてその屁理屈に屈してしまうのか。答えは簡単で、自らが死ぬべき存在であることを「あるがままに」見ていないからです。これを「あるがままに」見るならば、ただちに、苦をもたらす屁理屈からの解放、すなわち「自由」が確かに開かれます。

縁起：自由のための論理学

私たちが追求してきたのは、まさにこうした「自由」にほかなりません。「自由のための論理学」としての縁起の論理学とは、人間の苦しみを増大させるありとあらゆる「屁理屈」をきれいさっぱり吹き消してしまう論理学だということです。考えてみれば、このような、吹き消されるべき屁理屈はあまりに多すぎます。いや、日々刻々と作られ続けているといえましょう。世間においても、また自分自身の内側からもです。

ブッダ入滅後の歴史の中で、仏教の内部からすらも噴出し、あっというまに繁茂してしまいました。このとき、ブッダの教えとは「自由のための論理学」に他ならないこと、そしてその論理学は自己自身をも躊躇なく消滅させるほど徹底したものであることを明らかにしたのが、ナーガールジュナでした。

ナーガールジュナの「中論頌」

ナーガールジュナは、仏教の内部からすらも出てきた「実体」の考え、すなわち「有ること」への依存や、現実からの逃避の傾向、すなわち「無いこと」への依存を、徹底的に吹き消してしまう論理を展開しました。その主著である「中論頌」は、まさにこの目的のために書かれたものです。かれは、膨大な仏典のなかから、このカッチャーヤナ（サンスクリット語では「カーティヤーヤナ」と言いますが）とブッダの問答に注目し、自由のための論理学の核心を明らかにしました。

〈カーティヤーヤナの教えにおいて、「有る」と「無い」という二つが、有と無をあきらかにした尊師によって、否定された。〉

（『中論頌』15・7、石飛道子訳）

そしてかれは、わたしたちが三回にわたってみてきたように、「有るのか、無いのか」をめぐる問題を明らかにしました。そして、世間のありとあらゆる「見解」が「有ること」「無いこと」に依存したものであることを明らかにし、その両者に依存することのない「中（中道）」を示し、前回ことばの意味に関して説明した「空」を説いたのです。

〈空性とは、一切の見解からの出離であると勝者たちによって説かれた。〉

（『中論頌』13・8、石飛道子訳）

勝者とは、悟った人＝ブッダのこと。一切の見解からの出離！しかもそのような「空」を説く「自由のための論理学」の真骨頂は、その論理学自体にすら執着しないのです。屁理屈をふきとばすための論理が、あらたな屁理屈の種になってはもともこもありませんからね。

「空性」を見解とする、というような「見解」からすら出離するのです。

ブッダは何も説かなかった？

こうして、ナーガールジュナは、ブッダは「何も説かなかった」とすら述べます。「ブッダが説かれたこと」というものが実体として「有る」ことは、決してないというのです。実際、ブッダは問いに対して答えたのであり、答えというのは「問いを縁として」生ずるものである以上、「問いがないとき、答えもない」

わけです。だから、その答えであるブッダの「教え」なるものすら、〈「無いこと」はない〉〈「有ること」はない〉というわけですね。まさにこの〈「無いこと」はない〉〈「有ること」はない〉こそが、ブッダの明らかにしたことである以上、その論理自体も、〈「無いこと」はない〉〈「有ること」はない〉というわけなのです。

虚無論（ニヒリズム）？

「何も説かなかった」ということばの表層だけをとらえてしまうと、まさに詭弁というか、人間の幸福に何の役にもたたない屁理屈のように見えるかもしれません。しかし、三回にわたって私たちが読み解いてきたその文脈を理解すれば、虚無論（ニヒリズム）などではまったくないことがおわかりになるでしょう。そもそも虚無論とは、「無いこと」への依存であるわけですから。「有ること」にも「無いこと」にもよらない「有無二辺の中道」は、すべては、苦しみを増大させる屁理屈をきれいに滅してしまう、生きとし生けるものの幸せのための論理学を明らかにするために説かれているのですから。

戯論が寂滅する、吉祥なる、縁起

その論理学とは、まさしく「縁起」の論理学にほかなりません。実際、中論の冒頭は、次のように始まっています。

〈滅することなく生ずることなく（不滅不生）、（死後）断滅することなく永遠ではなく（不断不常）、同じではなく異なることなく（不一不異）、来るのでもなく去るのでもなく（不来不去）、戯論が寂滅する、吉祥なる、縁起を説いた正覚者（ブッダ）に対し、最高の説法者として、わたしは敬礼する。〉
（『中論頌』帰敬偈、石飛道子訳）

この「滅することなく生ずることなく（不滅不生）」というのは、これまでずっと論じてきた〈『無いこと』はない〉〈『有る』ことはない〉のことにほかなりません（「有る」「無い」と「滅することなく」「生ずることなく」は、日本語的な感覚ではだいぶ違いますが、ナーガールジュナのの語法としては「言い換え」と思っていただいて差支えないようです。ナーガールジュナの『宝行王正論』にもそれが「言い換えである」という趣旨の文章があります)。「不断不常」等についてはここでは省略しますが、これも要するに「二元論をふまえ、二元論をこえる」という話です。

そして「戯論」とは、直訳すると「言語的多元性」ですが、要は「苦しみを増大するあらゆる屁理屈」のことです。こうした戯論が「寂滅する」(吹き消されてしまう)、「吉祥なる」(幸せをもたらす)、「縁起」を説いたブッダに敬礼する、とかれは言っているのです。

吉祥なる論理学

さらにこの『中論頌』末尾においては、「大いなる憐れみの心をもって、一切の見解を捨て去るために、正しい法を説いたゴータマ」とブッダを讃歎しています。冒頭も末尾も、いずれも、生きとし生けるものの苦しみをもたらす屁理屈から解放する、自由のための論理学を讃えているといえましょう。とくに末尾においては、ブッダを「ゴータマ」と名前で呼ぶことにより、ブッダの教説＝自由のための論理学を徹底するとき、「それをすら見解にしない」のだ、ということを見事に表現していると思います。ブッダやその教えさえ〈「無いこと」はない〉〈「有ること」はない〉のです。そして同時に、それゆえにこそ、ゴータマでない私たちが、あたかもゴータマと同じように、実践することができることを照らし出しているのです。わたしたちの追い求めてきた「自由のための論理学」とは、まさしく「吉祥なる」論理学であることがおわかりになると思います。

悠久なる流れ

ブッダからナーガールジュナにたしかに引き継がれたこの論理学は、多くのひとを励まし続けてきました。ナーガールジュナのおかげで、ブッダならざる私たちもまた、ブッダにならい、あたかもブッダのように、自由のための論理学を何度でも立て直すことができるようになったのです。苦しみが無限にあるのであれば、その解決の手段も無数に編み出されるべきでしょう。

各人が各人の仕方で、自由のための論理学を実践すればよいわけです。このような、「自由のための論理学を実践しようとする者」を、仏教では菩薩と呼びならわしています。歴史上に、まちがいなくひとりの偉大な菩薩、ナーガールジュナが現れて、無数の菩薩に励ましを与え、いまもその悠久なる流れは続いていています。

落ち込むことに何の意味があろうか

たとえばナーガールジュナの弟子筋にあたる学僧シャンティデーヴァは、『中論頌』から数百年を経た八世紀、その主著『入菩薩行論』において、次のように語りました。

〈困難が襲っても解決法があるなら
落胆する何の理由があろうか
もし助けになるものが何もないなら
落ち込むことに何の意味があろうか〉

（『入菩薩行論』6―10、Padmakara Translation Group による英訳“The Way of the Bodhisattva”からの拙重訳）

いかがでしょうか。じつに、「二元論をふまえ、二元論をこえる」自由のための論理学を、自らのことばで工夫して語り実践する菩薩の姿が見えてきます。

そして、それから長い時を経た現代。若き日、このことばが記された『入菩薩行論』一冊を携えて亡命したといわれるチベットの指導者ダライラマ14世は、さまざまな絶望的な状況の中において、信じられないほどの闊達さによって、非暴力の力を説き続けています。政治的な立場や狭い意味での宗教的な立場において異なる人々であっても、そこに体現されている自由のための論理学の輝きを否定することは誰にもできないでしょう。

結語

そして、私たち自身の番です。たとえどのような苦しみのなかにおいても、また絶望のなかにおいても、この自由のための論理学を、何度でも立て直しましょう。〈「無いこと」はない〉〈「有ること」はない〉、と何度でも確かめましょう。恐れることは何もありません。私たちのよりどころは、いつでも、どこでも、だれでも、確かめることができる真理であり、ただちに実践することができる真理なのですから。

締め切りという「苦」に追われながら、怠惰極まるこの私が、全三回にわたる連載をどうにかこうにか終わらせることができたとすれば、それは間違いなくブッダやナーガールジュナや無数の菩薩たちの実践のおかげです（私の父でもある故・西郷竹彦をその感謝対象の列に加えることをお許しください）。また、この連載を通じて、石飛道子氏とその著作から学んだことはあまりに多く、いちいち明示することすらできませんでした。これらの偉大な先達の仕事に比べるべくもありませんが、この拙い一文をいわばイカダとして、そしていつか読者の皆様とともにこの嵐の海をわたり、そしていつかこのイカダをも打ち捨ててさらに進んでいくことにしましょう。

（終）

▲編集後記▼

◇平昌オリンピック女子カーリング代表の「そだねぇ〜」が流行語になった。しかし注意深く聞いていると、彼女たちが「そだねぇ〜」と発声するまでに、かなり高度なコミュニケーションが行われていることがわかる。細かな情報を交換し、十分に意思を伝達し合った上での「そだねぇ〜」なのである。

◇翻って私たちの国の国会審議はどうであろうか。根拠を論理的に明示しないまま、勇ましく憲法「改正」が主張される。「もりかけ」問題についても、安保法制についても、「国民のみなさまへの丁寧な説明」は未だ聞かされていない。

◇今号で特集された学級づくりの実践は、すべて子どもたちが語り合える関係を土台としている。ことばによってものごとを認識し、それを表現し、交流し合うことで深めていくことの価値を、いま一度確認したい。

◇西郷甲矢人氏の連載は今回で終了。ご自身の研究で多忙なか、「自由のための論理学」を、わかりやすく、興味深く説いてくださったことに感謝申し上げたい。

（山中吾）

◇春になり、新しい生活を迎える季節となった。この時期ほど、新人、新顔、新芽と「新」の字が多く見られる時期はなかろう。新生活に希望を見出そうとする者を温かく送り出したい。

（編）

115号の主な予定 *****************

（発行予定　2018年７月）

・特集　西郷竹彦『銀河鉄道の夜』（宮沢賢治）を語る

聞き書き　太田芳治

座談会　岡山文芸研　牛窓サークル

・小特集　２学期の文芸教材
―私ならこう授業する

２年生「お手紙」　秋元須美子

４年生「ごんぎつね」　辻村禎夫

５年生「大造じいさんとガン」　多方和史

・連載

子どもを育てる作文指導⑤　辻　恵子

文芸教育における教育方法の研究②　村尾　聡

私の学級通信（仮）　松山幸路

文芸教育　114号……………

2018年４月13日発行

定価（本体1500円＋税）

編集　文芸教育研究協議会

表紙デザイン　追川恵子

発行　㈱新読書社

〒113-0033

東京都文京区本郷 5-30-20

Tel 03-3814-6791

Fax 03-3814-3097

振替 00150-5-66867

印刷　日本ハイコム㈱

ISBN978-4-7880-2130-3